SAMPLE

PUNTOS DE VISTA

Jill K. Welch
Denison University

Susan G. Polansky
Carnegie Mellon University

Christina Makara Biron
University of Massachusetts at Dartmouth

Dale April Koike
University of Texas at Austin

FACETAS

James Crapotta
Barnard College

Alicia Ramos
Barnard College

Marjorie Cornell Demel
Otterbein College

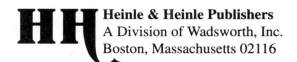

Heinle & Heinle Publishers
A Division of Wadsworth, Inc.
Boston, Massachusetts 02116

Let us know what you think about the Spanish *Bridging the Gap* program and this sample of each of the five titles. The most important information we receive comes from instructors and we value your comments and suggestions about the *Bridging the Gap* program. Please send them to Heinle & Heinle Publishers, 20 Park Plaza, Boston, Massachusetts, 02116 or call 1–800–237–0053. Your ideas make a difference!

Manufactured in the United States of America

ISBN 0–8384–5376–7

10 9 8 7 6 5 4 3 2 1

Heinle & Heinle Publishers is a division of Wadsworth, Inc.

Table of Contents

Introduction to the *Bridging the Gap* Series
JoAnn Hammadou

The main purpose of the *Bridging the Gap* series is to provide a link between basic language work, much of it required, conducted during the first two years of university foreign language study and the increasingly diversified advanced work that language students choose to pursue.

The courses at this level usually bear some sort of composition and/or conversation label, but their curricular content may vary according to the interests of the current instructor. The curricula are often pushed and pulled among focuses on language learning, literary study, or cultural studies. Many times the pushing and pulling among these forces is worse than members of the teaching profession would ever like to admit.

The *Bridging the Gap* series is a sequence of texts in French, Spanish, and German designed to create a common ground for all of the varying agendas that compete for students' attention after the intermediate stage of language learning. There are, in fact, many areas of study in which the different perspectives on language learning intersect and can be used profitably by students at this stage. There is no need to continue divisive debates over the role of these courses when there is the option of finding what elements all three perspectives (language, literature, culture) share and providing students with more integrated programs as a result.

Organizing Principle: Genre

Students of a foreign language have or seek to have meaningful purposes for their foreign language. They want to know what they can *do* with the language skills that they have. Mastery of a given genre provides students with a concrete accomplishment in an otherwise abstract discipline.

The concept of genre is used as the point of departure for organizing one level of the series. A genre is a class of communicative events that share communicative purpose(s). Expert authors of a given genre agree on its communicative purpose, and this rationale shapes its structure, style, and choice of content. The choice of genre as organizing principle reflects the growing diversity of interests of students continuing their language studies; genre, therefore, is not used exclusively in a literary sense.

The *Bridging the Gap* genre-based level has three components:

1. A **composition** text organized by genres

2. A **reader** containing additional and/or lengthier examples of the genres

3. A **conversation** text focusing on language functions within each genre

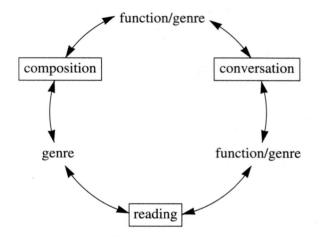

The texts can be used either concurrently or in sequence during a two-semester (third year) program. The series is flexible both in how the texts can be mixed and matched and in how materials can be used within each text. The sections within the texts are not presented in a lockstep sequence, and the order of chapters may be rearranged without difficulty and without loss of continuity.

THE COMPOSITION COMPONENT

This text gives long overdue recognition to the use of writing to foster students' understanding of the varied communicative functions of language. No longer is the sole purpose of writing merely to practice sentence-level structures and/or to support the skill of speaking or reading. When written language is used solely to provide support for the other language skills of speaking and reading, students rightly ask why they should write at all. In the *Bridging the Gap* composition text the focus is on the true purpose of writing: expressing one's own ideas as convincingly as possible.

The pedagogical approach throughout the text emphasizes the process through which a writer creates and produces a written work. Students are guided through the writing of several drafts of each paper, starting with invention and other pre-writing activities. An understanding of the form, content, style, and purpose of a given genre are delineated for the student writer. The aim, however, is not slavish attention to a model or a "write by the numbers" approach by learners. Rather, the goal is a more sophisticated understanding of content, style, audience, and organization than is usually applied to foreign language writing.

THE READER

The reader mirrors the composition text by providing lengthier examples of each genre. For each genre in the composition text, the reader provides at least two different samples. Generally, the differences will be due to the type of source of the sample (for example, a portrait from a newspaper article and a literary portrait).

The reader's samples of each genre are linked by theme. In other words, both the newspaper portrait and the literary portrait might be about "outsiders" to the target culture. In this way, the reader serves the important function of providing the theme of a course if an instructor does not want to use the genre template in conjunction with another course. The exercises and information given to students have as their purpose to enhance (1) word recognition, (2) global comprehension, and (3) understanding of cultural referents.

The reader is linked to the composition book by genres and to the conversation text by language functions as well as genres. This linkage provides an important sense of unity when the components are used simultaneously or of continuity when they are used in sequence.

THE CONVERSATION COMPONENT

It is communicative purpose as well as genre that links the conversation and composition texts. In foreign language studies communicative purposes are defined by discourse functions. And for speaking and writing alike, discourse functions at this level reflect more sophisticated goals, including sensitivity to audience, context, and, above all, content.

A guiding principle of the conversation book is that post-intermediate students should be expressing their growing awareness of social interests and issues. Their use of language should reflect not only the development of linguistic skills, but also the development of knowledge and the ability to think critically about information and ideas. To this end, activities within each chapter of the conversation book are sequenced to provide students an opportunity to sound their knowledge and opinions and to share their ideas as they learn from their peers in nonthreatening, small-group discussions.

To support the goal of having students express critical awareness of the subjects treated, a substantial selection of culturally authentic materials has been included. These materials offer a variety of information, insights, and language, and reflect the universality of ideas.

The activities in the conversation book lay the foundation for writing by offering students an opportunity to develop and test their ideas in interactive oral discourse. The reader, in turn, offers additional sources of information and language, along with activities to promote the sort of critical reflection that is the central goal of the series.

The *Bridging the Gap* approach reaches out to a student body that is increasingly diversified by blending diverse topics and styles throughout the program. All three components of the genre-based level require students to interact cooperatively, not competitively, to establish relationships, and to be participatory decision makers.

GENRE-BASED SPANISH: *PUNTOS DE VISTA*

The books at this level each have ten chapters. Each of the ten chapters focuses on a distinctive category of communication definable as a genre. In a few chapters, the focus of one of the books differs from the other two in order to illustrate communication especially useful for that particular skill. For example, because group discussion is an important part of oral communication, it is presented in Chapter 7 of the conversation book. However, this genre is not a natural one in reading and writing, so the other texts focus on heartfelt expression, a genre that students may not feel at ease with in a conversation class.

GENRES

Chapters	Redacción	Conversación	Lectura
1	portrait	portrait	portrait
2	interview	interview	interview
3	place description	place description	place description
4	investigative reporting	instructive communication	instructive communication
5	reporting a news event	reporting a news event	reporting a news event
6	narrative: folktale	narrative: accident report	narrative: story/folktale
7	heartfelt expression	group discussion	heartfelt expression
8	advertisement	advertisement	advertisement
9	reporting on factual data	reporting on factual data	reporting on factual data
10	expressing personal ideas	expressing personal ideas	expressing personal ideas

USING THE COMPLETE *PUNTOS DE VISTA* PROGRAM

Instructors may design a two-semester or term sequence with two or more texts from the **Puntos de vista** program. Each component features ten chapters based on genre that correlate with the chapters of each of the other books. Each book develops its emphasized skill area through a highly interactive process approach.

USING ALL THREE TEXTS

A two-semester or term sequence into which instructors incorporate all three texts may be designed by devoting alternate weeks to corresponding chapters or parts of chapters of the books. For example, to cover a genre, instructors could implement a pattern such as the following:

Week 1   **Puntos de vista: Lectura**

Introduction to the genre plus one or two of the readings, depending upon length. Focus on student text as well as pair and group interaction and upon building reading skills and strategies.

Week 2   **Puntos de vista: Conversación**

The corresponding chapter in this text. Focus especially on listening and conversation activities and upon oral communication functions.

Week 3   **Puntos de vista: Redacción**

The corresponding chapter in this text. Focus on one or two of the shorter models and upon strategies for writing and editing.

Instructors will find among the chapters much complementary material that builds and reinforces the skills developed and the content presented in the individual components. Utilizing this plan, instructors should be able to deal with the ten genres over the course of two, fifteen-week semesters. Those instructors who wish to complete all the material of corresponding chapters or who teach shorter terms may select the genres they prefer to emphasize.

USING THE READER AND COMPOSITION TEXT

Instructors of post-intermediate courses may wish to use these texts together to provide students with integrated models of authentic writing, reading practice, and vocabulary development while having students work through the writing process of a specific genre. Chapter 1 in each textbook, for example, examines the portrait genre. The four very brief reading selections in the composition text are supplemented by three longer portrait models in the reader. Students are thereby given many more resources on which to base their own writing.

The composition text and the reader also complement each other in other ways. Chapter 2 of the reader presents an interview with Elena Poniatowska, an author whose work is later featured in the composition text in Chapter 7, which focuses on heartfelt expression. The reader's *Diario de lector* provides students with additional, ungraded writing practice, as they express their personal reactions to the readings. The reader may also ultimately provide students with additional ideas for their final writing projects in each chapter.

USING THE READER AND CONVERSATION TEXT

The conversation text is designed to expand on the genres of the reader. In Chapter 1 of the reader, for example, the focus is on portrait. Two dramatic texts are provided, as well as a portrait of the elder Cela by his son. The conversation text expands on the portrait genre with a focus on autobiography. The expansion is accomplished in two primary ways:

- Learners are asked to focus on language functions within a given genre. For example, in an autobiography, students are given opportunities to practice anecdotes, comparison and contrast, selection of details, asking questions, summarizing, recommending, and describing.

- Learners are asked to consider sociolinguistic variables such as how context and audience affect the functions and strategies used.

The conversation text thus develops the student's interactional ability by providing him or her with strategies for generating the functions and genres examined in the reader.

The conversation text also adapts the *Diario de lector* practice of the reader, focusing on the development of a portfolio of sources that students can use to generate ideas, structures, and vocabulary for chapter conversation activities. In many cases, the texts presented in the reader can themselves be used to generate this material. For example, themes from one chapter of the reader can provide ideas for activities in other chapters of the conversation text. For example, the readings **"El padre"** and **"Cela, mi padre"** in Chapter 1 of the reader can be drawn on to discuss "los padres modernos," which can then be taken into consideration when discussing the roles of modern men and women in Chapter 2 of the conversation text.

By using the conversation text in conjunction with the reader, a greater integration of both processes is achieved than would be possible using each book in isolation.

USING THE COMPOSITION AND CONVERSATION TEXTS

The conversation and composition texts may readily be used in combination the same semester, as they are related both in function and genre. For example, the first chapter of both books begins with a focus on description of an individual. Both give strategies on how personal description is realized in Spanish, relying on examples provided from authentic texts. Since spoken language differs in many ways from the written word, the strategies discussed in the two books are different. Nevertheless, all of the strategies represent valid ways to describe oneself and, in many cases, can be used in both oral and written contexts.

The conversation text discusses how one can use the strategies of humor and anecdotes in describing oneself to maintain listener interest. These strategies can also be used in written works that address a more informal context. The composition text examines the use of simile and metaphor, which can also be used in spoken language. In this way, both texts expand the students' repertoire of strategies of expression in a given genre.

Thus, either book can be used in conjunction with the other in a balanced manner, or as supplementary material. In a conversation course, for example, the composition text might be used as written reinforcement of study done on a given genre. These assignments could be required on a daily basis, or one class per week could be devoted to the discussion of the written work. The instructor could then exemplify the contexts in which the different strategies would be most appropriate. Likewise, the conversation book could be used to supplement the composition class by stimulating discussion beyond the scope of the written text.

Table of Contents

❦❦ CAPÍTULO 1 ❦❦

EL PERSONAJE INOLVIDABLE

I. GÉNERO: EL RETRATO

¿En qué le hace pensar la palabra "retrato"? ¿En un cuadro famoso del Museo del Prado? ¿En una foto formal de su primer día de escuela? Aunque la palabra evoca retratos específicos *visuales,* existen también diversos retratos *escritos.* Estos retratos pintan, con palabras, el aspecto exterior e interior de los rasgos físicos, psicológicos y emocionales de una persona. En este capítulo realizará varios retratos, es decir, se representará por escrito a sí mismo, y representará a sus amigos y parientes, así como a personajes de la literatura y de su imaginación. Dedicará buena parte del tiempo a expresarse con imágenes cautivantes y vívidas. Puesto que

Don Quijote de la Mancha, el personaje más famoso de la literatura española.

no es posible reproducir a una persona en un retrato escrito, aprenderá a escoger con destreza los detalles que mejor comunican y describen lo esencial de una persona.

II. OBSERVACIÓN

PREPARACIÓN

A. Piense Ud. un momento en personajes famosos o populares que correspondan a las categorías indicadas a continuación. Puede tratarse de personas reales o ficticias, según la categoría. Puesto que los retratos escritos comprenden más que el aspecto físico, aquí será posible también penetrar en los rasgos psicológicos del personaje.

1. Escriba un nombre en la categoría N° 1.

2. Piense en un adjetivo que describa fielmente a la persona. Escríbalo en la segunda columna.

3. Por último, escoja y escriba un sustantivo asociado con la persona.

	Nombre	Adjetivo	Sustantivo
a. cine/teatro			
b. música			
c. literatura			
d. política			
e. televisión			
f. su universidad			

B. Ahora, en cada categoría, escriba un título apropiado para la biografía de las personas mencionadas.

Título de la biografía:

1. cine/teatro:

2. música:

3. literatura:

4. política:

5. televisión:

6. su universidad:

C. Ahora, para cada personaje de la lista, escriba un renglón de introducción similar a las de los programas de entrevistas o los espectáculos de televisión.

CH. Por último, imagine la tumba de los seis personajes escogidos. Escriba un epitafio leal para cada difunto. Los epitafios deben describir la vida de las personas o sus contribuciones a la sociedad... que en paz descansen.

D. Sus compañeros de clase deberán adivinar los nombres de la lista. Un estudiante escogerá una categoría, y usted le ofrecerá la información siguiente. De este modo será posible comprobar la eficacia de los detalles escogidos:

1. adjetivo

2. sustantivo

3. título (menos el nombre del personaje)

4. renglón de introducción

5. epitafio

E. Contemple la eficacia y la precisión de las palabras y frases utilizadas arriba. Por ejemplo, ¿alguien adivinó correctamente el nombre del personaje después de mencionar un solo adjetivo? ¿Qué adjetivo era? Comenten entre todos las palabras más reveladoras que se escogieron.

F. El buen escritor siempre tiene presentes a sus lectores. En grupos de dos estudiantes, escriban un breve comunicado de prensa sobre el personaje de cualquier categoría. Usen la imaginación para ampliar la descripción de dicha persona y tengan presentes los siguientes puntos:

1. ¿Cómo se llama la persona y cuáles son los datos biográficos?

2. ¿En qué aspectos del personaje se centrará el comunicado?

3. ¿En que periódico o revista se publicará?

4. ¿A qué tipos de lectores está dirigido?

5. ¿Qué estilo será informativo e interesante para el lector?

G. Reúnanse con otro grupo. Lean en voz alta el comunicado de prensa. Luego harán comentarios en cuanto a (a) nivel de interés, (b) datos y hechos que respaldan la información, (c) claridad, (d) uso de vocabulario y (e) estructuras gramaticales.

MÁS PREPARACIÓN: ADJETIVOS

Antes de redactar un retrato, es importante repasar el uso de los adjetivos. Este ejercicio le ayudará a ampliar el vocabulario, una labor constante cuando se trata del estudio de otro idioma, además de prepararlo para la comprensión de las lecturas que siguen.

1. Explique en voz alta o por escrito el significado de los siguientes adjetivos que aparecen en las lecturas de este capítulo. Si desea ver la palabra en su contexto, búsquela en la lectura correspondiente. Luego, escriba un antónimo (palabra con significado contrario) sin limitarse a un solo ejemplo. ¿Es posible que un adjetivo no tenga contrario?

   Crónica de una muerte anunciada: primera, anterior, escondido, angosta, lento, corta, estrecho, natural, mismo, raro

   Nada menos que todo un hombre: oficial, viviente, fresco, fatal, recóndita, vieja, brumosos, últimas, definitivas, supremo, común, estúpidos, profundo

   La familia de Pascual Duarte: gruesa, larga, chupada, cetrina, hondas, tísica, desabrida, violenta, cano, enmarañada, malignas

   El otro niño: distinto, rico, feo, derecha, triste

2. Ahora, utilice los adjetivos en frases originales.

LECTURA 1

Crónica de una muerte anunciada (1981)
Gabriel García Márquez
El renombre del prosista colombiano Gabriel García Márquez es internacional; le fue otorgado el Premio Nobel de Literatura en 1982. El narrador de *Crónica de una muerte anunciada* regresa al pueblo veintisiete años después del incidente. Quiere reconstruir los acontecimientos anteriores al asesinato, pero cada pregunta provoca otras.

Gabriel García Márquez

Crónica de una muerte anunciada

Bayardo San Román, el hombre que devolvió a la esposa, había venido por primera vez en agosto del año anterior: seis meses antes de la boda. Llegó en el buque semanal[1] con unas alforjas[2] guarnecidas[3] de plata que hacían juego con las hebillas de la correa y las argollas[4] de los botines[5]. Andaba por los treinta años, pero muy bien escondidos, pues tenía una cintura angosta de novillero, los ojos dorados, y la piel cocinada a fuego lento

---

...tenía una cintura angosta de novillero, los ojos dorados, y la piel cocinada a fuego lento por el salitre.

---

por el salitre. Llegó con una chaqueta corta y un pantalón muy estrecho, ambos de becerro natural, y unos guantes de cabritilla[6] del mismo color. Magdalena Oliver había venido con él en el buque y no pudo quitarle la vista de encima durante el viaje. "Parecía marica[7]", me dijo. "Y era una lástima, porque estaba como para embadurnarlo[8] de mantequilla y comérselo vivo." No fue la única que lo pensó, ni tampoco la última en darse cuenta de que Bayardo San Román no era un hombre de conocer a primera vista.

Mi madre me escribió al colegio a fines de agosto y me decía en una nota casual: "Ha venido un hombre muy raro." En la carta siguiente me decía: "El hombre raro se llama Bayardo San Román, y todo el mundo dice que es encantador, pero yo no lo he visto."

---

1. cada semana   2. talega, bolsa   3. adornadas, embellecidas   4. anillos
5. botas de cuero   6. piel de un animal pequeño como cordero o cabrito
7. homosexual   8. untar

REFLEXIÓN

A. Una descripción viva de Bayardo San Román de esta selección es la que emplea el sentido del gusto, por ejemplo: ". . . estaba como para embadurnarlo de mantequilla y comérselo vivo". Escriba la descripción de nuevo, utilizando otros sentidos —tacto, oído, vista u olfato. Sea lo más creativo posible. Comparta sus frases con otros de la clase.

Estaba como para...

B. Deténgase un momento en el concepto de "conocer a primera vista" que se menciona en la lectura anterior. Luego responda a estas preguntas:

¿Es posible conocer a alguien a primera vista?

¿Le molesta que muchos le juzguen así?

¿Hace usted lo mismo con otras personas?

¿Qué tipo de "primera vista" generalmente le impresiona más?

C. Describa brevemente a una persona —limitándose a su aspecto exterior— que le haya causado mucha impresión a primera vista. Elija con cuidado los detalles más descriptivos.

CH. Describa el estereotipo de la vestimenta de un estudiante de su universidad.

LECTURA 2

Nada menos que todo un hombre
Miguel de Unamuno

Miguel de Unamuno era miembro de la Generación del 98, un grupo de escritores españoles preocupados por el futuro de España. *Nada menos que todo un hombre* es la historia de un padre que busca marido para su hermosa hija, Julia, de quien todo el mundo está enamorado.

1. ¿Cómo interpreta usted el título de esta selección? ¿Qué significa para usted la frase "todo un hombre"? Escriba o discuta con otros lo que supone que irá a leer en la selección. Luego, haga una breve descripción de alguien que es "todo un hombre".

2. La selección que sigue comienza con estas siete sencillas palabras: "La fama de la hermosura de Julia..." Escriba *brevemente* lo que piensa que irá a leer de Julia.

3. ¿Y si la lectura comenzara con "La fama de la *fealdad* de Julia"? Describa sus nuevas impresiones de Julia.

MIGUEL DE UNAMUNO
Nada menos que todo un hombre

La fama de la hermosura de Julia estaba esparcida por toda la comarca que ceñía[1] a la vieja ciudad de Renada; era Julia algo así como su belleza oficial, o como un monumento más, pero viviente y fresco, entre los tesoros arquitectónicos de la capital. "Voy a Renada —decían algunos— a ver la Catedral y a ver a Julia Yáñez." Había en los ojos de la hermosa como un agüero de tragedia. Su porte inquietaba a cuantos la miraban. Los viejos se entristecían al verla pasar, arrastrando tras sí las miradas de todos, y los mozos se dormían aquella noche más tarde. Y ella, consciente de su poder, sentía sobre sí la pesadumbre[2] de un porvenir fatal. Una voz muy recóndita, escapada de lo más profundo de su conciencia, parecía decirle: "¡Tu hermosura te perderá!" Y se distraía para no oírla.

El padre de la hermosura regional, don Victorino Yáñez, sujeto de muy brumosos antecedentes morales, tenía puestas en la hija todas sus últimas y definitivas esperanzas de redención económica. Era agente de negocios, y éstos le iban de mal en peor. Su último y supremo negocio, la última carta que le quedaba por jugar, era la hija. Tenía también un hijo; pero era cosa perdida, y hacía tiempo que ignoraba su paradero.

—Ya no nos queda más que Julia— solía decirle a su mujer—; todo depende de cómo se nos case o de cómo la casemos. Si hace una tontería, y me temo que la haga, estamos perdidos.

—¿Y a qué le llamas hacer una tontería?

_____

1. rodeaba, estaba alrededor de   2. tristeza, disgusto

—Ya saliste tú con otra. Cuando digo que apenas si tienes sentido común, Anacleta...

—¡Y qué le voy a hacer, Victorino! Ilústrame tú, que eres aquí el único de algún talento...

—Pues lo que aquí hace falta, ya te lo he dicho cien veces, es que vigiles a Julia y le impidas que ande con esos noviazgos estúpidos, en que pierden el tiempo, las proporciones[3] y hasta la salud las renatenses todas. No quiero nada de reja, nada de pelar la pava; nada de novios estudiantillos.

—¿Y qué le voy a hacer?

—¿Que le vas a hacer? Hacerla comprender que el porvenir y el bienestar de todos nosotros, de ti y mío, y la honra, acaso, ¿lo entiendes...?

—Sí, lo entiendo.

—¡No, no la entiendes! La honra, ¿lo oyes?, la honra de la familia depende de su casamiento. Es menester que se haga valer.

—¡Pobrecilla!

—¿Pobrecilla? Lo que hace falta es que no empiece a echarse novios absurdos, y que no lea esas novelas disparatadas que lee y que no hacen sino levantarle los cascos[4] y llenarle la cabeza de humo.

—¡Pero y qué quieres que haga...!

—Pensar con juicio, y darse cuenta de

> Una voz muy recóndita, escapada de lo más profundo de su conciencia, parecía decirle: "¡Tu hermosura te perderá!" Y se distraía para no oírla.

lo que tiene con su hermosura, y saber aprovecharla.

—Pues yo, a su edad...

—¡Vamos, Anacleta, no digas más necedades! No abres la boca más que para decir majaderías. Tú, a su edad... Tú, a su edad... Mira que te conocí entonces...

—Si, por desgracia...

Y separábanse los padres de la hermosura para recomenzar al siguiente día una conversación parecida.

Y la pobre Julia sufría, comprendiendo toda la hórrida hondura de los cálculos de su padre. "Me quiere vender —se decía—, para salvar sus negocios comprometidos; para salvarse acaso del presidio." Y así era.

Y por instinto de rebelión, aceptó Julia al primer novio.

—Mira, por Dios, hija mía —le dijo su madre—, que ya sé lo que hay, y le he visto rondando la casa y hacerte señas, y sé que recibiste una carta suya, y que le contestaste...

—¿Y qué voy a hacer, mamá? ¿Vivir como una esclava, prisionera, hasta que venga el sultán a quien papá me venda?

—No digas esas cosas, hija mía...

—¿No he de poder tener un novio, como le tienen las demás?

—Sí, pero un novio formal.

---

3. oportunidades 4. hacerle concebir ilusiones de conseguir algo

—¿Y cómo se va a saber si es formal o no? Lo primero es empezar. Para llegar a quererse, hay que tratarse antes.

—Quererse..., quererse...

—Vamos, sí, que debo esperar al comprador.

—Ni contigo ni con tu padre se puede.

Así sois los Yáñez. ¡Ay, el día que me casé!

—Es lo que yo no quiero tener que decir un día.

Y la madre, entonces, la dejaba. Y ella, Julia, se atrevió, afrontando a todo, a bajar a hablar con el primer novio a una ventana del piso bajo, en una especie de lonja.

REFLEXIÓN

A.   ¿Era ésta la descripción de "la belleza de Julia" que esperaba? En caso contrario, ¿qué esperaba? ¿Qué piensa de esta técnica para expresar la belleza de esta mujer? Explique su respuesta.

B.   En grupo de dos o tres, definan el concepto moderno de la belleza. ¿Es todo físico o hay algo más? Si no están de acuerdo, escriban sus interpretaciones y luego hagan comparaciones.

C.   Haga una descripción física de Julia —una descripción fiel a la lectura original. Practique el uso de los cinco sentidos: vista, tacto, oído, olfato y gusto.

LECTURA 3

La familia de Pascual Duarte
Camilo José Cela

El español Camilo José Cela, ganador del Premio Nobel de Literatura en 1989, es novelista, escritor de viajes, cuentista y poeta. *La familia de Pascual Duarte* es una novela en la cual Pascual Duarte escribe cartas desde la cárcel en las que se confiesa. Las cartas describen su niñez, su familia y las circunstancias que provocaron el asesinato de su madre.

Camilo José Cela

La familia de Pascual Duarte

De mi niñez no son precisamente buenos recuerdos los que guardo. Mi padre se llamaba Esteban Duarte Diniz, y era portugués, cuarentón cuando yo niño, y alto y gordo como un monte. Tenía la color tostada y un estupendo bigote negro que se echaba para abajo. Según cuentan, cuando joven le tiraban las guías para arriba, pero, desde que estuvo en la cárcel, se le arruinó la prestancia, se le ablandó la fuerza del bigote y ya para abajo hubo de llevarlo al sepulcro. Yo le tenía un gran respeto y no poco miedo, y siempre que podía escurría el bulto y procuraba no tropezármelo; era áspero y brusco y no toleraba que se le contradijese en nada, manía que yo respetaba por la cuenta que me tenía. Cuando se enfurecía, cosa que le ocurría con mayor frecuencia de lo que se necesitaba, nos pegaba a mi madre y a mí las grandes palizas por cualquiera la cosa, palizas que mi madre procuraba devolverle por ver de corregirlo, pero ante las cuales a mí no me quedaba sino resignación dados mis pocos años. ¡Se tienen las carnes muy tiernas a tan corta edad!

> **Cuando se enfurecía, cosa que le ocurría con mayor frecuencia de lo que se necesitaba, nos pegaba a mi madre y a mí las grandes palizas por cualquiera la cosa...**

Ni con él ni con mi madre me atreví nunca a preguntar de cuando lo tuvieron encerrado, porque pensé que mayor prudencia sería el no meter lo perros en danza, que ya por sí solos danzaban más de lo conveniente; claro es que en realidad no necesitaba preguntar nada porque como nunca faltan almas caritativas, y menos en los pueblos de tan corto personal, gentes hubo a quienes faltó tiempo para venir a contármelo todo. Lo guardaron por contrabandista; por lo visto había sido su oficio durante muchos años, pero como el cántaro que mucho va a la fuente acaba por romperse, y como no hay oficio sin quiebra, ni atajo sin trabajo, un buen día, a lo mejor cuando menos lo pensaba —que la confianza es lo que pierde a los valientes—, le siguieron los carabineros, le descubrieron el alijo, y lo mandaron a presidio. De todo esto debía hacer ya mucho tiempo, por que yo no me acuerdo de nada; a lo mejor ni había nacido.

Mi madre, al revés que mi padre, no era gruesa, aunque andaba muy bien de estatura; era larga y chupada y no tenía aspecto de buena salud, sino que, por el contrario, tenía la tez cetrina[1] y las mejillas

---

1. color gris, verde y amarillo que sugiere enfermedad

hondas y toda la presencia o de estar tísica[2] o de no andarle muy lejos; era también desabrida[3] y violenta, tenía un humor que se daba a todos los diablos y un lenguaje en la boca que Dios la haya perdonado, porque blasfemaba las peores cosas a cada momento y por los más débiles motivos. Vestía siempre de luto y era poco amiga del agua, tan poco que si he de decir la verdad, en todos los años de su vida que yo conocí, no la vi lavarse más que en una ocasión en que mi padre la llamó borracha y ella quiso como demostrarle que no le daba miedo el agua. El vino en cambio ya no le disgustaba tanto y siempre que apañaba[4] algunas perras, o que le rebuscaba[5] el chaleco[6] al marido, me mandaba a la taberna por una fresca que escondía, para que no se la encontrase mi padre, debajo de la cama. Tenía un bigotillo cano por las esquinas de los labios, y una pelambrera enmarañada y zafia[7] que recogía en un moño, no muy grande, encima de la cabeza. Alrededor de la boca se le notaban unas cicatrices[8] o señales, pequeñas y rosadas como perdigonadas[9], que según creo le habían quedado de unas bubas malignas que tuviera de joven; a veces, por el verano, a las señales les volvía la vida, que les subía la color y acababan formando como alfileritos[10] de pus que el otoño se ocupaba de matar y el invierno de barrer[11].

> **Ni con él ni con mi madre me atreví nunca a preguntar de cuando lo tuvieron encerrado...**

---

2. sufriendo una enfermedad en que hay fiebre y ulceración de algún órgano   3. áspera, severa   4. cogía, tomaba   5. buscar con cuidado   6. tipo de chaqueta corta sin mangas   7. grosera   8. señal o huella de una herida   9. herida que produce un tiro con perdigones, un tipo de pájaro   10. joyas pequeñas, broches   11. limpiar

REFLEXIÓN

A. Usando el pasaje de Cela como inspiración, descríbase a sí mismo o a un pariente en un día malo.

B. Ahora, sea positivo y describa a la misma persona en un día bueno, concentrándose en los atributos más agradables.

"El otro niño"
De *Los niños tontos,* Ana María Matute
Ana María Matute, nacida en Barcelona en 1926, es considerada una
de las grandes novelistas de su generación. Los protagonistas de
muchas de sus obras son niños y adolescentes que viven en un
mundo intolerable. "El otro niño" es una selección de *Los niños tontos,*
una novela compuesta de 21 relatos breves.

Esta lectura describe a un niño *distinto.* Antes de leer la selección, haga lo siguiente:

1. Discuta con otros o escriba lo que se considera un niño "típico" y luego una niña "típica" en esta sociedad. ¿Era usted así en su niñez?

2. Pensando en la influencia del *punto de vista* en una descripción, descríbase a sí mismo como niño/niña, según algunas de las siguientes personas: (a) su mamá, (b) su papá, (c) un hermano o una hermana, (d) un abuelo, y por último, (e) usted mismo.

ANA MARÍA MATUTE
"El otro niño"

Aquel niño era un niño distinto. No se metía en el río, hasta la cintura, ni buscaba nidos, ni robaba la fruta del hombre rico y feo. Era un niño que no amaba ni martirizaba a los perros, ni los llevaba de caza con un fusil de madera. Era un niño distinto, que no perdía el cinturón, ni rompía los zapatos, ni llevaba cicatrices en las rodillas, ni se manchaba los dedos de tinta morada. Era otro niño, sin sueños de caballos, sin miedo de la noche, sin curiosidad, sin preguntas. Era otro niño, otro, que nadie vio nunca, que apareció en la escuela de la señorita Leocadia, sentado en el último pupitre, con su juboncillo de terciopelo malva, bordado en plata. Un niño que todo lo miraba con otra mirada, que no decía nada porque todo lo tenía dicho. Y cuando la señorita Leocadia le vio los dos dedos de la mano derecha unidos, sin poderse despegar, cayó de rodillas, llorando, y dijo: "¡Ay de mí, ay de mí! ¡El niño del altar estaba triste y ha venido a mi escuela!".

REFLEXIÓN

A. En su mayor parte, este cuento breve no se dedica a una descripción del "otro niño", sino al niño común y corriente. Compare su descripción del niño típico (Ejercicio 1) con la de Matute.

B. Ahora, piense en una persona —mujer, hombre, o niño— que Ud. considera *distinto*. Descríbala al estilo de Matute (¿cómo **no** es esta persona?).

MÁS REFLEXIÓN

También es importante desarrollar un estilo en las obras escritas. Al realizar un retrato, por ejemplo, el autor quiere que el lector vea o perciba la imagen que describe. Se puede lograr una imagen eficaz mediante el uso del **símil** o de la **metáfora,** que son figuras retóricas que relacionan cosas de diferentes categorías. Lea los dos ejemplos siguientes de *Nada menos que todo un hombre* (de Unamuno) que contienen ejemplos de símil y metáfora:

El **símil** emplea la palabra *como:*

> Era Julia algo así como su belleza oficial,
>
> o como un monumento más, pero viviente
>
> y fresco, entre los tesoros arquitectónicos
>
> de la capital.

La **metáfora** no emplea la palabra *como*:

> El padre de la hermosura regional, don Victorino
>
> Yáñez... era agente de negocios, y éstos
>
> le iban de mal en peor. Su último y supremo
>
> negocio, la última carta que le quedaba por
>
> jugar, era la hija.

A. Identifique y discuta las comparaciones que hace Unamuno entre Julia y otros entes en los ejemplos que anteceden.

B.   Ahora, escoja a una persona a quien conoce bien y admira mucho —una persona que ha influido mucho en su vida. En homenaje a esa persona, haga una breve descripción de la misma. Desarrolle y amplíe la imagen mediante el uso del símil y/o metáfora.

III. REDACCIÓN

El último proyecto de este capítulo consiste en redactar un retrato amplio; el profesor informará del alcance del mismo. He aquí algunas expresiones que puede emplear; tenga en cuenta que **no** deben constituir el comienzo del retrato:

1. Antes yo era... pero ahora soy

2. Tengo celos de

3. Estoy enamorado/enamorada de (o Estaba...)

4. La persona que quisiera ser

5. Un pariente único

6. El niño/la niña de mis ojos

7. Es fácil odiar

8. De toda la literatura del mundo, el personaje de

9. En la tierra mítica de

10. (idea individual)

BOSQUEJO

A.   Antes de trazar un bosquejo, considere lo siguiente y responda honestamente:

1. ¿A quién escogió para el retrato? ¿Por qué?

2. ¿Cuál es su actitud personal ante esta persona?

3. ¿Qué impresión de esta persona quiere dejar en el lector? ¿Cómo va a lograrla?

4. ¿Cuáles son los detalles más eficaces que se pueden emplear aquí? ¿En qué orden va a ponerlos? ¿Por qué?

5. ¿Qué detalles va a omitir? ¿Por qué?

6. ¿Qué tono quiere establecer en este retrato? ¿Por qué?

7. ¿Desde qué perspectiva va a escribir este retrato? ¿Por qué?

B. Ahora, siga con estas sugerencias:

1. Escriba todos los adjetivos acerca de la persona que se le ocurran.

2. Piense en los elementos de las lecturas que le han impresionado más e intente imitarlos.

3. Identifique los cinco sentidos y cuáles puede usar con eficacia en su redacción.

4. Experimente con el uso del símil y la metáfora en su descripción.

5. Haga una lista de los detalles relacionados con la persona de su retrato. Subraye los detalles más importantes.

6. Intente organizar los elementos de los ejercicios A y B; considere varias posibilidades antes de decidirse por una de ellas.

C. Trace un bosquejo considerando las decisiones tomadas en los ejercicios anteriores.

BORRADOR

A. Prepare un borrador considerando el bosquejo. No olvide los dos principios básicos para escribir un buen retrato: detalles bien escogidos e imágenes vívidas.

B. Después de terminar el borrador pero antes de compartirlo con otros, responda a estas preguntas:

1. ¿Qué impresión suscita la primera frase de su borrador? ¿Es interesante o aburrida? ¿Es suficientemente creativa? No menosprecie la importancia de la primera frase, pues debe atraer la atención del lector, además de introducir el tópico.

2. ¿Ha incluido todos los detalles necesarios para dejar la impresión que quería? Debe quedar muy claro para el lector lo que usted desea comunicarle.

3. ¿Podrá el lector u oyente seguir la organización del ensayo?

4. ¿En qué consiste la última frase? ¿Deja en el lector una impresión vívida y memorable? Examínela cuidadosamente.

5. ¿Ha logrado el tono que deseaba? Subraye las palabras o frases que establecen el tono.

C. Señale todos los aspectos *positivos* y *negativos* de su trabajo y **las evidencias** que los sostienen.

CH. Revise el trabajo según las respuestas anteriores, experimentando con otras posibilidades en cuanto a organización, selección de detalles y la primera y última frase.

D. Otro ejercicio muy útil en el proceso de la redacción es *leer en voz alta* lo que se ha escrito. A menudo se decide efectuar cambios o se descubren errores.

E. Por último, considere las preguntas de la guía que se presenta a continuación:

GUÍA PARA ESCRITORES Y CORRECTORES

1. **Autosuficiencia:** ¿Hay información suficiente para introducir el tópico al lector?

2. **Enfoque:** ¿Sobra información o detalle? ¿Falta información o detalle?

3. **Desarrollo:** ¿Están los diversos aspectos del retrato suficientemente desarrollados?

4. **Significado:** ¿Está claro cuál es el punto central del retrato? ¿Es superficial o profundo el retrato?

5. **Cohesión:** ¿Satisface toda la información el punto central del retrato?

6. **Tono:** ¿Es el tono del retrato coherente con el tópico? ¿Es apropiada la actitud del autor ante el tópico?

7. **Organización:** ¿Contribuyen todas las secciones del retrato explícitamente a la tesis? ¿No hay repeticiones innecesarias? ¿Anticipa el lector la próxima frase, el próximo párrafo, o es el discurso confuso? ¿Hay transiciones apropiadas entre las ideas? ¿Hay una conclusión verdadera o simplemente una síntesis de lo anterior? ¿Termina enfáticamente el retrato?

8. **Párrafos:** ¿Contribuye cada párrafo a la tesis? ¿La primera frase de cada párrafo pone énfasis en el punto central del párrafo? ¿Hay una organización lógica de cada párrafo? ¿Son coherentes los párrafos? Es decir, ¿están las frases en un orden lógico?

9. **Estilo:** ¿Evita el autor el uso excesivo de la voz pasiva y del verbo *ser*? ¿Hay variedad en la estructura y longitud en las frases? ¿Contiene metáforas o símiles el retrato? ¿Hay algo excepcional o eficaz en el retrato? ¿Parece sincero?

10. **Gramática:** Marque sólo las frases donde definitivamente hay problemas gramaticales u ortográficos.

11. **Observación general y sugerencias:** En un papel aparte, haga sus comentarios, elogios y sugerencias específicos según las observaciones anteriores. No haga ninguna crítica negativa a menos que pueda especificar ejemplos concretos.

COMENTARIOS

Para muchos estudiantes de redacción es difícil en un comienzo compartir su creación con los demás miembros de la clase. Se siente timidez y vergüenza al presentar el propio trabajo a extraños, especialmente si se trata de un trabajo creativo y personal, si el semestre apenas ha comenzado y los estudiantes todavía no se conocen bien. Por eso, aquí se presenta una breve guía para el intercambio de retratos en la clase:

1. Trabajen en grupos de tres o cuatro estudiantes. Se sugiere mantener los mismos grupos durante todo el semestre.

2. Un estudiante lee su redacción en voz alta al grupo

3. Los demás miembros del grupo escuchan; no escriben nada la primera vez.

4. Se lee la redacción otra vez mientras los demás escriben observaciones.

5. Sólo se permiten *observaciones;* no se permiten opiniones.

6. No se dice nada de mala fe.

7. El autor del borrador escucha las observaciones y toma apuntes.

La *observación* es algo concreto y objetivo; no es una opinión. Esto implica que al indicar la evidencia que apoya una determinada observación del grupo, todos deberán estar de acuerdo. Se deben presentar **evidencias** para todas las observaciones. Por ejemplo, si el escritor emplea repetidamente una palabra en su retrato, el oyente dirá, "Usted emplea la palabra *increíble* cuatro veces en el primer párrafo." No debe decir, sin embargo, "Me molestó que..." o "Emplea demasiado...". En consecuencia, será el escritor y no el oyente, quien tenga la responsabilidad de *evaluar* las observaciones.

CORRECCIONES

1. Trabaje con un ejemplar limpio de la redacción.

2. Anote en la misma las correcciones.

REVISIÓN

1. Copie la redacción incorporando todas las consideraciones anteriores.

2. Lea la revisión detenidamente antes de entregarla al profesor.

IV. SÍNTESIS

No cabe duda de que usted ya tiene, en su lengua materna, un estilo personal, un sistema fijo y favorito de redactar. Empero, es cosa bien distinta redactar en otro idioma. Posiblemente ya haya descubierto el esfuerzo que conlleva crear y organizar un retrato —tanto al seleccionar los detalles e imágenes adecuados como al procurar emplear la gramática correcta. Será necesario, por lo tanto, reservar tiempo suficiente para completar la redacción. Dicho de otro modo: *No empiece hoy la redacción que espera tener finalizada mañana.*

Table of Contents

UNIDAD 1

PERSPECTIVAS DE LA MUJER Y DEL HOMBRE

UNIDAD 4

PERSPECTIVAS DEL ARTE Y DE LA CIENCIA

UNIDAD 5

PERSPECTIVAS DE LA MODERNIZACIÓN Y DE LA TRADICIÓN

PERSPECTIVAS DE LA MUJER Y DEL HOMBRE

ESTA UNIDAD PRESENTA DIVERSAS PERSPECTIVAS DE LA MUJER Y DEL HOMBRE EN EL MUNDO ACTUAL. ¿QUÉ SIGNIFICA SER MUJER EN EL MUNDO DE HOY DÍA? ¿QUÉ SIGNIFICA SER HOMBRE EN EL MUNDO ACTUAL?

¿Qué características y situaciones se podrían incluir en una descripción de la mujer y en una descripción del hombre?
   Escriba algunos ejemplos.

LA MUJER MODERNA

Características	Situaciones
_____	_____
_____	_____
_____	_____
_____	_____

EL HOMBRE MODERNO

Características	Situaciones
_____	_____
_____	_____
_____	_____
_____	_____

¿Qué tienen en común las dos descripciones? ¿Qué diferencias hay entre ambas? Compare sus respuestas con las de sus compañeros.
   Comprueben si lo que han anotado coincide con las perspectivas de la mujer y del hombre en el Capítulo 1 y el Capítulo 2.

❦❦ CAPÍTULO 1 ❦❦

RETRATO

LECTURA A *No molesta, calle y pague, señora*   por Lidia Falcón

LECTURA B *El padre*   por José Ruibal

LECTURA C *Cela, mi padre*   por Camilo José Cela Conde

Esta fotografía nos permite hacer un retrato con características físicas y culturales de la mujer que observamos.

¿QUÉ ES UN RETRATO?

Un retrato es una descripción de una persona; puede incluir aspectos físicos, sociales (relacionados con el carácter y las costumbres), y psicológicos.

En la actividad introductoria a la Unidad 1, realizó una breve descripción de la mujer y del hombre modernos.

Seleccione uno de los retratos.

Indique cuál ha escogido:	La mujer _____	El hombre _____
¿Incluye el retrato aspectos físicos?	Sí _____	No_____
¿Incluye aspectos sociales?	Sí _____	No_____
¿Incluye aspectos psicológicos?	Sí _____	No_____

Escriba algunos detalles más para ampliar el retrato.

¿Ha ampliado el retrato con…

…descripciones físicas?	Sí _____	No_____
…indicaciones del carácter o de las costumbres?	Sí _____	No_____
…descripciones psicológicas?	Sí _____	No_____

En las tres lecturas de este capítulo, preste atención a cómo están retratados las mujeres y los hombres. Trate de determinar si predominan los elementos físicos, sociales o psicológicos.

The following is a reading selection from **Capítulo 1, Retrato** of *Puntos de vista: Lectura.* A progression of twelve activities has been developed for each reading in this book, guiding students through pre-reading preparation, vocabulary development, strategies for reading, and post-reading expansion. This reading serves as a sampling of the kinds of activities that have been provided for other readings in this chapter as well as other chapters in the book.

ACTIVIDAD B 12 TALLER DE TEATRO. Representen individualmente o en grupo las siguientes situaciones. ¿Cómo se portarían? ¿Qué harían? Siguiendo las indicaciones de la Actividad A12, Capítulo 1, su profesor(a) puede proponerles representar una improvisación o una dramatización ensayada previamente.

1. **El padre sigue hablando:** Mi filosofía de padre es...

2. **La madre habla por sí misma:** ¡Cuánto he aguantado!

3. **El mismo comienzo, pero con otro final:** Representen otra versión de la última escena, en la que el hijo toma el rifle.

LECTURA C

Cela, mi padre por Camilo José Cela Conde

El escritor Camilo José Cela, padre, retratado en su juventud.

A PRIMERA VISTA

ACTIVIDAD C 1 UNA PERSONA POLIFACÉTICA. Usted tiene un concepto de sí mismo como persona íntegra con nombre, nacionalidad, edad, y características físicas determinadas. Pero seguramente muestra varias facetas. ¿Es estudiante, hijo(a), hermano(a), amigo(a), aficionado(a) a algo? ¿Cuántos papeles desempeña? Enumere varios de sus papeles en la vida y describa brevemente su comportamiento (cómo actúa) en cada uno de ellos. Exprésese con precisión.

Mi papel	Cómo actúo
1.	
2.	
3.	

ACTIVIDAD C2 ¿QUIÉNES SOMOS? La siguiente actividad se puede hacer en pequeños grupos o con la clase entera. Los estudiantes deben pasearse por la sala de clase, y conversar unos con otros para encontrar a personas que desempeñen papeles similares a los suyos.

Modelo:

ESTUDIANTE A:	*(Se presenta)* ¡Hola! Uno de los papeles que desempeño es el de hermano.
ESTUDIANTE B:	*(Responde)* ¡Ah!, ¿sí? Yo también desempeño el papel de hermano.
ESTUDIANTE A:	*(Se describe)* Como hermano, soy agresivo y no muy paciente.
ESTUDIANTE B:	*(Se describe)* Pues yo, como hermano, generalmente tengo mucha paciencia.
ESTUDIANTE A O B:	*(Concluye)* Aunque desempeñamos el mismo papel , no somos muy parecidos, ¿verdad?

Use las notas de la Actividad C1 para describirse a sí mismo(a). Después organice en esta tabla la información reunida.

Mi papel	Compañero con el mismo papel	Somos parecidos	No somos parecidos
(Actividad C1)		(Señalar con una X)	(Explicar)

1.

2.

3.

¡Cuántas personas somos! Después de conversar unos con otros, reúnanse en grupos o como clase entera para resumir y comentar los resultados de la Actividad C2. ¿Qué personas de la clase se parecen? ¿Qué personas desempeñan el mismo papel pero actúan de forma diferente? Piense si hay papeles principales y papeles secundarios. ¿Cuáles son? Compare sus respuestas con las de sus compañeros.

ACTIVIDAD C3 ¿CÓMO ACTUAMOS? ¿Se aplican a usted las definiciones siguientes? Léalas, y luego utilice las palabras en cursiva y aplíquelas a sí mismo(a)

Modelo:

Un jefe *puntilloso* exige mucho de sus empleados y se preocupa muchísimo por todos los detalles.

Soy puntilloso(a) en mi papel de estudiante. Por ejemplo, cuido mucho la presentación de los trabajos.

1. Es una pintora *desgarrada;* no le asusta escandalizar con sus audaces obras.

2. Ese niño *se asusta de* todo: tiene miedo de la gente, de los animales, del agua, del ruido. Es muy difícil calmarlo.

3. Es un político idealista que odia la injusticia y *desprecia* los abusos que ve en el gobierno.

4. La editora insiste en *pulir* el manuscrito; quiere mejorar el estilo y la forma lo más posible.

5. Mis amigos viajaron por Europa a pie. El verano pasado *se patearon* Alemania, Francia, España, e Italia. Por supuesto, ¡se llevaron unos zapatos muy cómodos!

6. *¡Ánimo!*, le dijeron al joven sus amigos después de que perdió el partido de tenis. Trataron de darle ánimo porque sabían que era el mejor jugador del equipo.

7. Mi padre tiene tres relojes y no necesita otro. Es evidente que el reloj que le compró ayer mi madre *le sobra* (es superfluo).

8. La madre no pudo controlarse cuando por primera vez oyó decir a su hijo la palabra "¡Mamá!" Sus instintos maternales *se desataron* (se soltaron) en unos gritos de alegría.

9. Algunos estudiantes tienen mucha suerte en los exámenes. Si no saben una respuesta, la *adivinan* correctamente.

ACTIVIDAD C4 DOS CARAS: CAMILO JOSÉ PADRE Y CAMILO
JOSÉ HIJO. ¿Se parecen el padre y el hijo? Estudie las dos caras, de arriba
a abajo. ¿Corresponden los rasgos de padre e hijo a las descripciones
siguientes? Marque con una **X** las correspondencias que observe.

                                    CJC padre   CJC hijo

1. Tiene el pelo oscuro y muy lacio.

2. No tiene mucho pelo; es escaso.

3. El pelo está peinado hacia atrás.

4. Hay un mechón el pelo que se escapa
    por un lado.

5. Tiene la frente lisa y enorme.

6. Tiene la frente con un mar de arrugas,
    evidencia de una vejez prematura.

7. Tiene las cejas muy pobladas.

8. Parece un tanto huraño (tímido,
    insociable).

9. Tiene aire entre burlón (sarcástico)
    y suplicante (que pide algo).

10. Resalta claramente su mirada dura,
    casi cruel.

11. La mirada parece dulce y alegre.

12. La cara no es redonda, sino afilada
    y larga.

13. Las mejillas hundidas ponen más en
    evidencia la nariz y la comisura abul-
    tada (extensión exagerada) de la boca.

14. No tiene barba, y por eso se le ve
    claramente la papada (grasa abundante
    bajo la barbilla).

15. Sobresale de la corbata un largo cuello.

16. En medio del cuello sobresale la nuez,
    como una pelotita.

ACTIVIDAD C5 UNA VIDA EN CIERNES. Después de leer el siguiente retrato autobiográfico, indique el significado de las palabras en cursiva. Para cada pregunta, escoja sólo una de las frases, es decir, la definición
sugerida por el contexto.

Lo que sigue es la descripción de *una vida en ciernes*, los primeros
momentos de mi vida. El *parto* tuvo lugar en el *quirófano* de la clínica del
barrio. Mi mamá había llegado con mucha prisa, sin tiempo para vestirse ni
prepararse mucho: había llegado con la *melena suelta* y en vestido de casa
sin mangas y no muy modesta. La comadrona que asistía al parto, una mujer
muy tradicional, *reprendió* a mi mamá su aspecto *descocado*. Mi padre se
indignó mucho y *la sacó a patadas* del cuarto en un *barullo* grande. Porque
les dio la lata a los médicos, mi padre tuvo que *pechar* muchos insultos y
palabras *ásperas*. Momentos después, a las seis de la mañana, un médico me
alzó para que mis padres me vieran: claro que muy rojo y *en pelotas*. El día
amaneció con mi llegada. *Al fin y al cabo*, todos estaban muy contentos.

1. *Una vida en ciernes* quiere decir:

   a. una vida en su principio

   b. una vida en un lugar no muy público

2. El *parto* quiere decir:

   a. la salida

   b. el nacimiento

3. El *quirófano* quiere decir:

   a. el médico que asistió al parto

   b. sala de operaciones

4. *La melena suelta* quiere decir:

   a. el pelo despeinado

   b. la maleta para viajar

5. *Sin mangas* quiere decir:

   a. que no cubría los brazos

   b. limpia

6. *Reprendió* quiere decir:

   a. gritó

   b. reprochó

7. *Descocado* quiere decir:

   a. ridículo

   b. inmodesto

8. *La sacó a patadas* quiere decir:

    a.   la hizo salir hablándole

    b.   la hizo salir dándole golpes con el pie

9. *Barullo* quiere decir:

    a.   confusión

    b.   ruido

10. *Les dio la lata* quiere decir:

    a.   los ayudó

    b.   les molestó

11. *Pechar* quiere decir:

    a.   decir

    b.   recibir involuntariamente

12. *Ásperas* quiere decir:

    a.   serenas

    b.   severas

13. *En pelotas* quiere decir:

    a.   desnudo

    b.   con los ojos abiertos

14. *Amaneció* quiere decir:

    a.   terminó, cuando desapareció el sol

    b.   comenzó, cuando apareció el sol

15. *Al fin y al cabo* quiere decir:

   a.   en realidad

   b.   después de todo

EN PLENA VISTA

Cela, mi padre
Camilo José Cela Conde
Camilo José Cela Conde, catedrático[1] de Filosofía Jurídica, Moral y Política de la
Universidad de las Islas Baleares, es hijo de Camilo José Cela, premio Nobel y
célebre escritor español.
En esta biografía, Camilo José Cela hijo cuenta anécdotas de la vida íntima y literaria
de su padre. ¡El resultado es un expresivo retrato de un fuerte carácter!

EL PROCESO DE LA LECTURA: LOS TÍTULOS

Los títulos pueden servir de guías a través de la lectura, y dar un buen
indicio del contenido y de la estructura de la obra. A continuación se presentan las dos primeras secciones del Capítulo 1 de *Cela, mi padre*. La
primera sección se titula "Érase una vez, hace mucho tiempo..." y la
segunda sección se titula "Retrato de un escritor entrando en la madurez".
¿Qué comunican estos títulos? En la primera sección, el título indica que
el autor va a contarnos algo ("Érase una vez..) de un pasado remoto
(...hace mucho tiempo"). En la segunda sección, el título indica que vamos
a leer la descripción ("Retrato...) de un escritor que ya no es joven
(...entrando en la madurez").

   A medida que vaya leyendo, piense en la relación entre los títulos y el
contenido de las secciones. No olvide emplear la estrategia de leer la obra
dos veces para lograr una comprensión inicial, y después una comprensión
mayor. Recuerde: después de leer la obra por encima la primera vez, realice
la Actividad C6, y después de leer más despacio la segunda vez, realice la
Actividad C7. Si quiere, puede repasar la estrategia **Leer dos veces** en la
página 6, que precede a las actividades A6 y A7 del Capítulo 1.

---

1. profesor

Cela, mi padre

ÉRASE UNA VEZ, HACE MUCHO TIEMPO...

Tengo un problema. Todo el mundo tiene problemas, pero el mío les afecta a ustedes de una manera directa. Debo contarles cómo es Camilo José Cela, por supuesto, pero, ¿cuál de ellos? ¿El desgarrado y cruel autor de *La familia de Pascual Duarte?* ¿El senador real que intentó pulir cuidadosamente el texto de la Constitución? ¿El actor de cine? ¿El inmortal en ciernes, fotografiado en pelotas el día en que debía leer su discurso de entrada en la Real Academia Española? ¿El aprendiz de torero? ¿El puntilloso y erudito anotador de palabras *non sancta?* ¿El vagabundo que se pateó España para contar amorosamente luego todos los mínimos detalles que los turistas desprecian? ¿El *enfant* terrible de la literatura de posguerra?

Camilo José Cela es cada uno de esos personajes y muchos más que se nos escapan ahora de la memoria. Ya saldrán; lo importante es saber cómo, y en qué orden. CJC, como acostumbra firmar él mismo, es, al margen de lo que pudiera parecer a los ojos del lego[1], un hombre escrupulosamente ordenado hasta la obsesión enfermiza: sería

---

> **Mi padre asegura que empecé a darle la lata en el mismo momento en que llegué al mundo...**

---

injusto profanar su imagen convirtiéndola en el reflejo de un cajón de sastre[2] en el que cunde[3] el más caótico barullo. Busquemos un método, un principio. "Érase una vez", por ejemplo, serviría para el comienzo, porque ninguna historia sobre Camilo José Cela puede separar del todo lo real de lo imaginario. "Hace mucho tiempo", a continuación, viene también al pelo: la historia comienza, desde luego, casi medio siglo atrás. Y ahora, ¿cómo seguimos? "Había una princesa que vivía en un país remoto..." No, eso ya pega mucho menos[4]. Las princesas tienen poco sitio en el mundo de los cómicos, los artistas y los poetas.

Lo que sucedió una vez, hace mucho tiempo, es que Camilo José Cela tuvo un hijo: yo mismo. Tal circunstancia no debería suponer gran cosa en lo que hace a la historia que ha de contarse, pero el lector tendrá que pechar con las inevitables consecuencias de ese acontecimiento banal[5]. Todo lo que recuerdo de Camilo José Cela viene luego de ese día del mes de enero de 1946, cuando Madrid amaneció cubierto por una áspera nevada.

Mi padre asegura que empecé a darle la lata en el mismo momento en que llegué al

---

1. persona común   2. conjunto desordenado   3. se extiende   4. es menos apropiado   5. común

mundo, en el quirófano de una clínica del barrio de Argüelles, allá por la mitad de la calle de Quintana. La comadrona, momentos antes del parto, reprendió severamente a Charo, mi madre, porque llevaba un camisón[6] sin mangas y la melena suelta, es decir, porque iba en plan indecente. Mi padre la mandó a la mierda y la sacó a patadas del cuarto, pero el médico, que era el de la Asociación de la Prensa y debía tener una gran conciencia de clase, se solidarizó con la buena señora y dijo que allí no nacía nadie en tan descocada forma. La cosa terminó bien gracias a otro médico amigo de mis padres, Luis Pérez del Río, para quien, por lo visto, el juramento hipocrático no contenía cláusulas de censura previa. Consiguió sacarme con el cordón umbilical dando vueltas[7] alrededor de mi cuello, cosa a la que la sabiduría popular concede mucho mérito y augura[8] gran suerte. Todavía no he perdido las esperanzas.

Sesenta minutos después de nacer yo, mi padre estaba leyendo el manuscrito en ciernes de *La colmena* en la librería Buchholz, lo que da fe de su sentido de la profesión, o de la paternidad, según se mire. Pero un par de días después sus tiernos instintos se desataron cuando, al engancharme[9] un dedo en el mantón lleno de bordados y puntillas[10] con el que se recuerda a los recién nacidos de mi familia lo duro que es el mundo, levanté la ceja derecha haciendo un gesto que es típico de mi padre. Ya fuese porque se confirmaba la paternidad, o por las emociones que siempre provocan tales cosas, es ése el primer detalle de mi carácter que se recuerda en casa.

El recién nacido recibió el nombre de Camilo José, cosa que dice poco de la capacidad inventiva de mi padre y bastante más acerca de su respeto por las tradiciones.

> **El recién nacido recibió el nombre de Camilo José, cosa que dice poco de la capacidad inventiva de mi padre...**

Camilo José se llama mi padre; Camilo y Camila se llamaban mis abuelos paternos. La historia, ahora que caigo, acabaría por complicarse bastante si decido narrarla utilizando los nombres propios, pero no se asusten: todos esos personajes que llaman a confusión desaparecen en este primer acto. Queda tan sólo el Camilo José Cela que se ha hecho popular. Y así, como quien no quiere la cosa, hemos dado ya con la fórmula necesaria para contar sus aventuras: me limitaré a repasar lo más cuidadosa y ordenadamente posible los rincones[11] más ocultos de mi memoria.

RETRATO DE UN ESCRITOR ENTRANDO EN LA MADUREZ

Ya va siendo hora de advertir[12] que Camilo José Cela, en la época en que comenzaba a brillar como novelista, lucía una figura muy distinta de la que exhibe ahora

---

6. prenda para dormir   7. envolviendo   8. predice   9. quedarse sujeto   10. adornos finos
11. lugares apartados   12. indicar

mismo. Cuarenta años marcan una gran diferencia, pero cincuenta o sesenta kilos consiguen hacerlo todavía más. En su novela *San Camilo, 1936* se incluye una fotografía de entonces; nos bastará con examinarla cuidadosamente.

La foto muestra a un jovencito un tanto huraño, armado de un aire entre burlón y suplicante. El pelo oscuro y muy lacio está peinado hacia atrás, salvo un único mechón rebelde que consigue escaparse por un lado. La frente, lisa y enorme, se prolonga por medio de unas entradas prematuras; la cara afilada y larga, con las mejillas hundidas, pone todavía más en evidencia la comisura abultada de los labios. En medio del largo cuello sobresale la nuez, como un solitario peón de ajedrez[13] a punto de coronar. El pecho queda hundido sobre los pulmones castigados por la tisis[14], pero la figura resulta esbelta[15] y ladeada[16], acentuando aún más una talla[17] por entonces nada común. Y por encima de todo el cuadro resalta claramente una mirada dura, casi cruel, como la de un autor dispuesto a retratar un mundo en el que la piedad murió, hace ya tiempo, de frío y de soledad. Es el lector de Nietzsche por parte de padre y de Byron por parte de madre, como corresponde. Es el prófugo[18] que recorre las calles recién regadas[19] de la gran ciudad, con la tos[20] perdiéndose en la bufanda[21], cuando amanece. Es el Camilo José Cela actor de *El sótano* y de *Facultad de Letras,* el novelista de *Pabellón de reposo,* el poeta de "Pisando la dudosa luz del día", aquél que compone el gesto exacto de quien adivina que el destino le ha tocado ya en el hombro, pero todavía no sabe con qué intención.

Camilo José Cela, como Dorian Gray, cuenta con un pacto con el Diablo...

Cuarenta o cincuenta años más tarde todo ha cambiado y, sin embargo, el retrato sigue siendo válido. Los kilos de más, la papada, la mirada dulce de quien no necesita darse ya ánimos, el pelo escaso y la frente cruzada por un mar de arrugas producen una misma y sorprendente sensación. Camilo José Cela, como Dorian Gray, cuenta con un pacto con el Diablo: todo seguirá igual mientras la mano que sujeta con dedos deformes una pluma estilográfica, siempre vacía en su continuo camino desde el papel al tintero[22], no pare de llenar cuartilla tras cuartilla[23] con la letra minúscula del cuidadoso y aplicado amanuense[24]. Quien pretenda conocerle de verdad tendrá que leer sus libros: estas páginas de ahora le sobran. Al fin y al cabo sólo hablan del Camilo José Cela hecho, ¡qué vulgaridad!, de carne mortal.

---

13. pieza de menor valor del ajedrez   14. tuberculosis   15. delgada   16. inclinada   17. altura   18. fugitivo   19. mojadas   20. aire que sale con ruido de los pulmones   21. prenda para abrigar el cuello   22. bote de tinta   23. papel   24. escribano

ACTIVIDAD C6 LA PRIMERA VEZ, CON POCOS DETALLES.

Después de leer la lectura por primera vez, resuma en dos breves frases el contenido de las dos secciones.

Argumento de "Érase una vez, hace mucho tiempo...":

Argumento de "Retrato de un escritor entrando en la madurez":

ACTIVIDAD C7 LA SEGUNDA VEZ, CON MÁS DETALLES.

Lea la obra por segunda vez; en esta ocasión un poco más despacio tratando de captar más detalles y haga una pausa después de cada sección.

Escriba, empleando palabras de la lectura, algunos de los papeles o modos de actuar de Camilo José Cela padre mencionados por su hijo en cada una de las secciones.

"Érase una vez, hace mucho tiempo...":

"Retrato de un escritor entrando en la madurez":

PUNTO DE MIRA: LA LECTURA

ACTIVIDAD C8 EL DIARIO DEL LECTOR.

Ahora le toca a usted escribir sus comentarios sobre la lectura con la ayuda de su profesor(a) y la guía presentada en el Capítulo 1, Actividad A8.

ACTIVIDAD C9 RETRATO DE FAMILIA.

En la biografía de su padre, el autor revela varios detalles sobre sí mismo, y sobre otros miembros de la familia.

Realice la actividad, indicando con palabras de la lectura, lo que ha descubierto sobre:

1. Camilo José hijo, el autor de la biografía:

2. Charo, su madre:

3. Los abuelos paternos:

ACTIVIDAD C 10   CJC AYER Y HOY.   El último párrafo de la lectura comienza: "Cuarenta o cincuenta años más tarde todo ha cambiado y, sin embargo, el retrato sigue siendo válido." Examine los retratos de Camilo José Cela, padre, en su juventud (pág. 36) y madurez (persona a la izquierda, pág. 39). Lea las descripciones de Cela que aparecen en la segunda sección de la lectura y después describa con palabras de la lectura los atributos físicos que observa.

	Cela joven	**Cela maduro**
El pelo		
La mirada		
La frente		
El peso		

UNA MIRADA ALREDEDOR

ACTIVIDAD C 11   ¿QUÉ PIENSA USTED?   Comenten los siguientes temas en grupo o escriban sobre ellos. Su profesor(a) puede proponerles realizar uno de los ejercicios del Capítulo 1, Actividad A11, (página 23).

1.   ¿Qué ha averiguado sobre la relación entre Camilo José Cela hijo y padre a través de la lectura?

2.   ¿Qué cree usted que se siente al ser hijo o hija de una persona famosa?

3.   ¿Qué siente el autor al ser hijo de CJC? En el prólogo al libro, Camilo José Cela Conde escribe "Es una pregunta que no se puede contestar". Sin embargo, ¿cree usted que hay indicaciones en la lectura de qué siente el autor al ser hijo de CJC?

4.   Esta biografía tiene muchos elementos autobiográficos. Por ejemplo, el autor nos habla en primera persona, y a veces parece dirigirse directamente a nosotros, los lectores. Al principio y al final de la selección, ¿qué nos dice el autor sobre la biografía que ha escrito? ¿Qué dice sobre el proceso de escribir? ¿Puede usted identificarse con los problemas o las perspectivas de Camilo José Cela hijo?

ACTIVIDAD C 12   TALLER DE TEATRO.   Representen individualmente o en grupo las siguientes situaciones. ¿Cómo se portarían? ¿Qué harían? Siguiendo las indicaciones de la Actividad A12, Capítulo 1, su profesor(a) puede proponerles representar una improvisación o una dramatización ensayada previamente.

1. **Mi obra maestra:** En forma de monólogo o conversando con un compañero, cuente la experiencia de haber escrito o producido una obra importante. ¿Cómo lo hizo? ¿Qué obstáculos encontró y cómo los resolvió?

2. **Retrato de un personaje famoso:** Traiga a clase una o dos fotos de una figura célebre. Usando la lectura de CJC como modelo, describa, compare o contraste las dos fotos. (Para hacer solo(a) o con otro(a) estudiante.)

3. **Papeles múltiples:** Con una o varias personas de la clase, escoja un personaje famoso. Cada persona del grupo dramatiza uno de los aspectos la persona escogida. Por ejemplo, si la figura fuera George Washington, se podría tomar el papel del Washington joven, del Washington soldado, o del Washington presidente.

REPASO DEL GÉNERO

¿QUÉ IDEA FINAL SE HA FORMADO DE LA MUJER Y DEL HOMBRE?

Recuerde que el retrato de una persona puede incluir aspectos físicos, sociales (relacionados con el carácter y las costumbres), y psicológicos.

Repase los retratos presentados en las tres lecturas. Clasifíquelos, indicando si el aspecto central es:

- la descripción física
- la descripción social
- la descripción psicológica

Escriba un ejemplo que respalde su respuesta. Comenten en clase sus opiniones.

	Aspecto central	Ejemplo
Las tres mujeres de *No moleste, calle y pague, señora*		
el padre de *El padre*		
Camilo José Cela		

Table of Contents

¿QUIÉN SOY YO?: LA AUTOBIOGRAFÍA, UN TIPO DE RETRATO

UNA DESCRIPCIÓN DE SÍ MISMO

Todos nos hemos visto alguna vez en la situación de tener que hablar sobre nosotros mismos: cómo somos, dónde nacimos, cómo es nuestra familia, por qué escogimos cierta carrera. El propósito de este capítulo es examinar las estrategias empleadas frecuentemente por los hispanohablantes para describirse a sí mismos y crear una autobiografía interesante.

Todos tenemos una visión particular de nuestra personalidad.

En una autobiografía, el propósito del hablante es describir su vida, incluyendo los eventos y detalles más importantes, en orden cronológico. Por otro lado, intenta que su descripción sea interesante para que el oyente esté atento a la historia. Si una persona habla de sí misma sin tener en cuenta qué es lo que más le interesaría saber al oyente, su descripción puede resultar muy aburrida y monótona. Por eso, otro propósito de este capítulo es estudiar las técnicas que emplean los hispanohablantes para mantener el interés del oyente, como por ejemplo el uso del humor o de las anécdotas.

En resumen, en este capítulo vamos a examinar la función de describirse a sí mismo en el contexto de una autobiografía, usando diversas estrategias de conversación para mantener el interés del oyente.

¿CÓMO HABLA LA GENTE?

ANTES DE LEER LA CONVERSACIÓN

Todos conocemos las razones por las que numerosos inmigrantes vienen a los Estados Unidos. Muchos de ellos cuentan que los problemas económicos y el hambre que tuvieron que pasar en su país de origen los han afectado mucho.

1. LOS INMIGRANTES. Con la clase, piense en varios grupos étnicos o culturales que han inmigrado recientemente a este país. ¿Cuáles han sido los motivos por los que vinieron aquí? ¿Le ha contado esas experiencias alguien a quien conoce personalmente?

LA CONVERSACIÓN

Lea la siguiente conversación entre Marta, una joven salvadoreña recién llegada a este país, y su amiga Dora. Marta habla de algunas memorias de su niñez que la marcaron mucho.

DORA: ¿Recuerdas alguna experiencia que te haya impresionado mucho en cuanto a tu relación con tus padres?

MARTA: ¿De la vida, de lo que me haya sucedido a mí? ¿Con respecto a mis padres? Pues, como te digo, son muchas. Y me hicieron muy fuerte. Cuando uno está pequeño y pues, que en ese tiempo que te digo que mi padre era así un borracho y todo, mi padre era un desalmado[1], un borracho, un equivocado. Por muchas las razones equivocadas nos dejó aguantar hambre.

DORA: ¡Vaya!

MARTA: Me acuerdo que con mi madre en veces[2] nos íbamos al río a lavar ropa ajena[3]...en la mañana nos íbamos con un traguito de café. Cuando veníamos, veníamos a las tres, a las cuatro de la tarde, cansadas de lavar ropa. Eran más de dos kilómetros que caminábamos para ir a ese río. Está lejos. Entonces nos agarraban a veces en la tarde, ya lavando. Ya veníamos tarde acá. Mi mamá y mi papá siempre trabajaban buenos, buenos cultivos. Pero él nunca

---

1. cruel   2. un dialectalismo, igual a *a veces*   3. de personas fuera de la familia

dejó nada para nosotros. Nunca, nunca, nunca. El siempre [...]
procuraba darles a otras mujeres, porque era mujeriego[4]. Y por
lado de eso de mi madre...he sufrido bastante, al lado de mi mamá
y mi papá. Terrible hambre.

DORA: ¡Pobrecita!

MARTA: En veces mi mamá sólo compraba la comida para nosotros, y en
veces para ella nada. Y en veces, cuando llegaba, llevaba siquiera
un saco de maíz, pues nos alivianamos con ése, porque lo cuidába-
mos para que nos quedara. Nos quedamos en lo mismo, que no
alcanzamos ni una libra de sal. Mira, hubo un tiempo que mi
mamá no tenía nada, nada, nada. En veces sólo tortillas conseguía-
mos, y una vez que mi mamá estaba embarazada, sólo tortillas nos
acompañaban. Las fui a comprar yo, a cambiarlas por leña[5], ya
recuerdo. Y, y mi mamá no tenía nada. Entonces cerca de nosotros
la vecina tenía un palo[6] de limón. Yo le fui a robar unos limones a
la señora [se ríe de vergüenza]. Y le eché sal al agua, le eché
limón, y con eso comimos una vez. Tortillas, limón, y sal.

DESPUÉS DE LEER LA CONVERSACIÓN

2. SU DESCRIPCIÓN. Conteste las siguientes preguntas junto con un(a)
colega y luego compare sus respuestas con las del resto de la clase.

a. ¿Qué adjetivos puede usar para describir la niñez de esta mujer?

b. ¿Qué tipo de persona es? ¿Qué retrato de sí misma ha pintado?

c. ¿Qué imagen tiene ella de su padre? ¿Y de su madre?

ch. Según el contexto de la conversación, ¿qué cree que significan estas
palabras?

equivocado:

mujeriego:

un traguito (de café):

---

4. que anda con muchas mujeres   5. madera para el fuego   6. árbol

d. ¿Cuáles pueden ser los sinónimos de las siguientes palabras, según el contexto de la conversación?

acompañar:

alivianar:

alcanzar:

3. LA ANÉCDOTA. Termine estas frases junto con un(a) compañero(a), según lo que ha comprendido de la descripción de Marta:

a. Una pequeña historia que ilustra lo que queremos decir se llama…

b. Marta usó la historia del robo de los limones para…

c. Algunas expresiones que usa Marta para conectar sus anécdotas con el resto de la autobiografía son: "Me acuerdo…"

En su conversación Marta usa la estrategia de contar anécdotas para mantener el interés del oyente y para ilustrar la historia. Para contar una anécdota con éxito, la pequeña historia tiene que tratar sobre un tema interesante para el oyente y debe ser contada con una cierta emoción (humor, tristeza, horror, etc.). Es necesario contarla con sencillez y claridad. Frecuentemente se conecta la anécdota con el resto de la autobiografía mediante expresiones tales como:

por ejemplo	recuerdo
te voy a dar un ejemplo	me acuerdo que
una vez	para que veas

A continuación va a escuchar una cinta que contiene una autobiografía de Antonio Gades, un actor y bailarín de flamenco español conocido en el mundo entero. Ha actuado en las películas *Carmen*, *El amor brujo*, y *Bodas de sangre*. Al construir su autobiografía Gades utiliza una serie de estrategias, entre ellas el humor, citas, experiencias comunes, y expresiones y referencias familiares al público español.

Entrevista a Antonio Gades

PRIMERA PARTE

ANTES DE ESCUCHAR

4. OBSERVACIONES. Con la clase, piense en lo siguiente: ¿Cuáles podrían ser algunas de las preguntas típicas que haría un entrevistador a una persona famosa como por ejemplo un actor o un cantante muy conocido? ¿Qué tipo de detalles incluiría esa persona al describir su vida? Compare sus respuestas con las del resto de la clase.

5. SUPOSICIONES. Antes de escuchar la cinta elabore una lista junto con un(a) colega, con la información que probablemente va a incluir Gades en su respuesta a la pregunta "¿Cómo llegó a bailar?" Guíese por el ejemplo.

a.   personas que más lo influyeron

b.   _____

c.   _____

En una autobiografía el hablante describe su vida, su personalidad, sus deseos. Si habla de una experiencia del pasado, la presenta en forma de narración, normalmente en tiempo pasado. Al hablante le interesa formular su descripción de una manera interesante para el oyente y también hablar sobre aspectos de su vida interesantes para el público. Debe pensar en lo que al oyente le gustaría saber. Esto implica que el hablante conoce al oyente o piensa en el público en general. En el caso de una persona famosa, normalmente lo que le interesa al público son cosas relacionadas con su fama o con su vida privada que revelen aspectos de su carácter. Probablemente va a hablar de algo por lo cual es famoso: su arte, su baile, su música, su talento atlético. Eso es algo con lo que el oyente está familiarizado: un punto en común.

PALABRAS QUE VA A ESCUCHAR

huecograbado   una manera de imprimir periódicos, que ya no se usa

picú   un tipo de tocadiscos antiguo

botones   un chico que trabaja en los hoteles y ayuda a llevar maletas

talleres   lugares donde se imprimen los periódicos

guantada   golpetazo

tambor   instrumento musical que se toca con dos palillos

6. EL ÉXITO DEL HABLANTE. Previamente a escuchar la cinta, lea las siguientes preguntas sobre el estilo y el contenido de la autobiografía.

a. ¿Cuáles fueron tres de los oficios que ejerció Gades de niño?

b. ¿Cuál fue su experiencia con el boxeo?

c. ¿Cómo empezó a bailar?

ch. ¿Cuál fue su primer empleo como bailarín?

ESCUCHAR

Escuche ahora la entrevista con el famoso bailarín de flamenco Antonio Gades, y al mismo tiempo tome nota sobre las cuestiones anteriores.

Después de escuchar la primera parte de la grabación, conteste las preguntas de la actividad 6 con otro(a) colega y comprueben cuánto han captado.

LO FAMILIAR

Un elemento lingüístico que habrá notado en la autobiografía de Gades es que hace referencia a cosas que seguramente todo el público español conoce. Por ejemplo, menciona "el periódico *ABC*", que es un elemento cultural que comparten él y los oyentes españoles. De ese modo es más fácil que el oyente se sienta identificado con la historia.

Asimismo, si no conoce estas cosas o nombres, le va a ser más difícil entender lo que dice.

Tenga en cuenta que estos elementos familiares pueden estar en la forma de:

a. información conocida sobre el personaje

b. información conocida por el público en general

c. experiencias que posiblemente la mayoría de los oyentes también han tenido

ch. expresiones coloquiales conocidas por el público.

7. OTRA AUDIENCIA. Con otro colega, imagínese que usted es Gades y la otra persona es un entrevistador que representa a una revista americana, por ejemplo, la revista *People*. Representen la entrevista. ¿Qué detalles van a agregar u omitir? Luego representen otra entrevista en la que una persona es Gades y la otra es Baryshnikov. Las dos entrevistas deberán ser bastante diferentes.

8. MANTENER EL INTERÉS. Con la clase, dirigida por el(la) profesor(a), comente lo que dice Gades. ¿Opinan Uds. que Gades ha conseguido mantener su interés? Si no lo conocían antes, ¿qué puntos interesantes de su carácter les ha revelado? ¿Les gustaría conocerlo a fondo?

DESPUÉS DE ESCUCHAR

Otro elemento notable de la autobiografía de Gades es la descripción detallada de las personas y de las cosas. Gades enriquece su narración ilustrándola con detalles sobre su empleo en el cabaret, sobre la casa donde pasó su infancia y sobre su propia falta de cultura y refinamiento.

9. LOS DETALLES. Con un(a) colega, represente una entrevista en la que el entrevistado hable de una persona o de un momento importante en su vida. Debe tratar de aportar tantos detalles como sea posible. Después, el(la) entrevistador(a) debe resumir para la clase entera lo que haya contado el entrevistado.

Entrevista a Antonio Gades (continuación)

SEGUNDA PARTE

ANTES DE ESCUCHAR

10. UNA COMPARACIÓN. Muchas veces el entrevistado se compara con una persona conocida para describirse a sí mismo. En parejas, seleccionen a dos personas que ambos conozcan y compárense con ellas. Luego expliquen por qué escogieron a esa persona; si es, por ejemplo, porque la admiran y les gustaría ser como ella o, al contrario, porque sienten que son muy diferentes. Cuando terminen, comenten lo siguiente: si fueran bailarines, ¿a quién les gustaría parecerse y por qué?

11. **LAS COMPARACIONES.** Lea las preguntas que siguen antes de escuchar la segunda parte de la entrevista. ¿En qué aspectos se compara con Vicente Escudero, un bailarín de flamenco de hace 50 años que ha llegado a ser casi un mito español?

	Sí	No

a. ¿en el plano físico?

b. ¿en el plano espiritual?

c. ¿en el plano artístico?

ESCUCHAR

Escuche ahora la segunda parte de la entrevista con Gades que continúa hablando sobre su vida, y conteste las preguntas de la Actividad 11.

Compare sus respuestas con las de otros colegas, y explique por qué ha contestado **sí** o **no.**

12. **LA RELACIÓN DE LOS DETALLES CON EL PROPÓSITO ORIGINAL.** Gades cuenta tantos detalles sobre Escudero que es un poco difícil recordar qué tiene que ver todo esto con el propósito de contestar la pregunta original de cómo llegó a bailar. Con un(a) colega piensen en lo siguiente:

a. ¿Qué añade todo esto a su autobiografía?

b. ¿Cuál es la actitud de Gades hacia este hombre? ¿Qué relación tiene él con Escudero?

c. ¿Qué revela la última parte de la entrevista sobre la casa de Escudero en cuanto a Escudero mismo?

Hay otras maneras de mantener el interés del oyente. El hablante puede usar el humor, las anécdotas o las citas de otras personas para hacer la narración más vívida y emocionante, y los acontecimientos más dramáticos. Por último, también ayuda a mantener el interés el hecho de que el hablante lo haga con claridad, presentando la información de una manera organizada y coherente para que no le sea demasiado difícil al oyente comprender el mensaje.

13. OTRAS ESTRATEGIAS. Escuche otra vez la cinta entera y anote los siguientes elementos de la autobiografía de Gades:

a. humor

b. anécdotas

c. citas de otros personajes

ch. emoción

d. acontecimientos dramáticos

Comente estos elementos con la clase, comparando sus respuestas.

DESPUÉS DE ESCUCHAR

14. LA CRÍTICA. Con un(a) colega, conteste las siguientes preguntas y luego coméntenlas con la clase:

a. ¿Cree que Gades ha logrado su propósito de contestar la pregunta de cómo llegó a bailar y de describir su vida?

b. ¿Es su lenguaje coloquial o formal? ¿Cuáles son los elementos de su lenguaje que lo hacen coloquial o formal?

c. ¿Cree que Gades se sentía a gusto con la persona que lo entrevistaba? ¿Cree que él dirigía su respuesta especialmente hacia esa persona o hacia los oyentes en general?

ch. ¿Qué le ha parecido más interesante de su vida? ¿Cómo describiría a Gades como persona?

d. ¿Qué semejanzas y qué diferencias hay entre la autobiografía de Gades y la de Marta?

15. AL LADO DEL ENTREVISTADOR. Suponga que usted es otro(a) entrevistador(a) que está presente durante la entrevista y al que ahora le toca hacerle más preguntas a Gades sobre algún punto de su vida. Con otra persona, piense en cuatro preguntas que quisieran hacerle. Preséntelas a la clase y luego coméntelas.

16. LOS TEMAS. Con otro(a) colega, comente dos de los diversos temas que toca Gades en su autobiografía, como por ejemplo sus primeros empleos, su clase social, y su relación con un personaje famoso en su profesión. Ahora piense usted en los aspectos de su propia vida que le gustaría compartir. ¿Qué tipo de preguntas tendrían que hacerle a usted para poder hablarles sobre esas experiencias? Elabore una lista de preguntas que le gustaría que le hicieran en una entrevista. Piense en adjetivos, anécdotas, sentimientos, comparaciones o detalles que puedan revelar aspectos interesantes de su carácter o de su persona.

DESARROLLAR

17. SOY YO. Piense en cinco adjetivos que lo(la) describan a usted en un momento o situación particular de su vida. Ejemplos: simpático(a), estudioso(a), libre, triste, cariñoso(a), inteligente, responsable, perezoso(a), infantil, serio(a), avaro(a), mujeriego, delicado(a), pesado(a), generoso(a), frenético(a). Seleccione uno de esos adjetivos y piense en una experiencia o acontecimiento que ilustre por qué ese adjetivo es adecuado para usted. Intercambie su experiencia con otros compañeros en un grupo pequeño, tratando de relacionarla con ese adjetivo.

Puede comenzar así:

"Yo soy muy… Por ejemplo, para que veas, una vez… "

18. ¿QUÉ LE GUSTARÍA SABER DE MÍ? Pregúntele a otra persona qué tipo de cosas le interesaría saber sobre usted y tome notas. Luego, con la información que le dio su compañero(a) prepare las preguntas y trate de contestarlas de una manera interesante.

19. ENTREVISTA. En grupos pequeños, entrevístense unos a otros tratando de obtener detalles interesantes. Incluyan algunas preguntas que se presten para dar detalles; también pueden intercambiar las preguntas que Uds. prepararon sobre sí mismos en la Actividad 18 pero no lean las respuestas sino que traten de ser espontáneos. Hagan una votación para ver qué entrevista es la más interesante. Comenten las estrategias que haya usado cada hablante al describirse.

De arriba a abajo y de izquierda a derecha: Julio Iglesias y Gloria Estefan, cantantes. Diego Armando Maradona, futbolista.

20. ¿QUIÉN SOY YO? Cada persona de la clase escoge un personaje famoso del presente o del pasado: una figura política, un deportista, un artista, etc. Después, sin decir de quién se trata, debe tomar el papel de ese personaje, describiéndose a sí mismo en clase. Intenten imitar los gestos del personaje si es posible: expresiones de la cara, la sonrisa, el cuerpo, las manos; que también forman parte del lenguaje. Los compañeros le harán cinco o seis preguntas para saber más detalles sobre su vida o carácter para poder adivinar su nombre.

Comenten después cuáles fueron los aspectos de la autobiografía que más los impresionaron; por ejemplo:

a. ¿Habló de cosas que le parecían interesantes? ¿Cuáles?

b. ¿Dijo algo que revelara su carácter o su vida privada?

c. ¿Contestó bien las preguntas de los entrevistadores?

ch. ¿Sostuvo el interés de los oyentes durante toda la entrevista? ¿Qué estrategias empleó para mantenerlo?

21. SU CANDIDATURA. Digamos que usted pretende ser elegido(a) miembro del comité estudiantil de su facultad. En una entrevista, un reportero del periódico de la universidad le pide que se describa a sí mismo(a) como persona y como candidato(a). Deberá contarle ciertos detalles importantes, sobre todo los relacionados con su candidatura. También intente atraer el interés de los demás alumnos. Represente esta entrevista junto con otro(a) colega de su clase que desempeñe el papel del periodista.

EXPANSIÓN

En la entrevista que sigue va a conocer a Carlos Fuentes, distinguido escritor y diplomático mexicano. Entre sus numerosas obras se destacan *El laberinto de la soledad, Aura, La región más transparente, La muerte de Artemio Cruz, Terra nostra,* y *La cabeza de la hidra.* La entrevista, con el profesor Saúl Sosnowski, fue publicada en la revista literaria *Hispamérica.* En esta entrevista, el propósito de Fuentes es hablar sobre los aspectos, detalles y eventos de su vida que más influyeron en su formación y su producción literaria.

ANTES DE LEER

22. UNA ENTREVISTA CON UN ESCRITOR. Piense en una entrevista con un escritor o filósofo famoso en la que cuente su vida y experiencias.

Respondan a las siguientes preguntas. Si este personaje es muy conocido en el mundo entero, ¿qué clase de preguntas se le hace normalmente? ¿Piensan que los temas que comenta serán diferentes de los de un cantante o artista popular? ¿En qué sentido?

SAÚL SOSNOWSKI
Entrevista a Carlos Fuentes

¿EMPEZAMOS CON UNA CRONOLOGÍA BÁSICA? "HIGHLIGHTS"

Bueno. El primer "Highlight" es que nací; ¿verdad? Nací en México, bajo el signo de Escorpión, signo que me agradó mucho, el once de noviembre de 1928. Descubrí muchos años más tarde que compartía la fecha, aunque no el año, con Kurt Vonnegut. Celebramos juntos nuestros cumpleaños, y que coincidimos en la misma fecha, definitivamente no el año, con Dostoyevsky, el once de noviembre. Nietzsche nació dos días después, el trece de noviembre. Celebramos la fecha del armisticio de la guerra de 1914–18. Yo nací diez años después. Siempre celebro el armisticio también. Yo viví toda mi infancia viajando en la diplomacia. De muy pequeño estuve en Quito, en Panamá, en Montevideo, y en Río de Janeiro, donde conocí mucho a Alfonso Reyes. El era embajador de México; mi padre era secretario de la embajada. Yo recuerdo que mi padre llegó y se encontró a Reyes, característicamente sometido a la

> Tenía una furia del viaje, al grado de que en su testamento había puesto que al morir deberían desollarlo y convertir su piel en maleta para seguir viajando.

penuria[1] de las embajadas mexicanas sentado a la máquina, escribiendo las cartas, rotulando los sobres, pegando estampillas, llevando las cosas al correo — y le dijo, "Ud. no se ocupa de esto. Déjeme esto a mí; Ud. métase en su cuarto a escribir."

¿LO HIZO?

Lo hizo. Se dedicó a escribir algunos de sus mejores poemas de aquella época, hizo su revista literaria *Monterrey*. Amaba mucho a mi padre y en consecuencia a mí. Y por ahí pasaban gentes muy extrañas porque eran amigas de Alfonso Reyes, como Paul Morand, que estaba en el apogeo[2] de su gloria europea, el autor de *La europa galante*, a quien vine a conocer muchos años después en París y nadábamos juntos en el Automóvil Club de Francia. Yo lo he empleado mucho a Morand como modelo del protagonista de mi última novela, *Una familia lejana*, un personaje francés que está modelado en Morand, y en mis conversaciones con Morand en la piscina del Automóvil Club de Francia, que es donde pasa también

---

1. pobreza 2. cumbre

en gran medida la narración de *Una familia lejana*. Paul Morand decía con mucha gracia que le encantaba viajar. Y a veces tomaba un avión un domingo en la mañana para irse al Prado[3] a ver *Las Meninas*[4] y regresaba en la noche a París. Tenía una furia del viaje, al grado de que en su testamento había puesto que al morir deberían desollarlo[5] y convertir su piel en maleta para seguir viajando. No sé si es verdad, pero me gustó mucho la idea...

> Para mí Buenos Aires es una ciudad de noches calientes, la Boca, Maldonado, siguiendo a la orquesta de Aníbal Troilo, Pichuco, para arriba, para abajo...

¿TAMBIÉN INCORPORASTE ESTO EN LA NOVELA?

Sí, está incorporado en la novela, está mucho de Morand en la novela. Vicente Lombardo Toledano pasó por ahí y Henríquez Ureña, que era íntimo amigo de Reyes... Bueno, una cantidad de gente. Yo tengo fotos con todos de cuando era yo bebé. Y luego fuimos a Washington, que es un episodio de mi vida que he narrado mucho. Aquí estuve en la escuela, en Washington, mucho tiempo. Me volví bilingüe. Tuve una infancia desastrosa, Saúl, porque mi padre tenía una tal decisión de que yo no olvidase el español, que no olvidase que yo era mexicano, que todos los veranos en cuanto terminaban las clases aquí me mandaba a México al colegio. Pasé todos los meses de verano en México y luego regresaba en el otoño al colegio en los Estados Unidos, al final era un niño sin vacaciones. Claro que ya luego me convertí en un niño literario. Y disciplinado. Sí, me volví disciplinado... Creo que se lo debo a los Estados Unidos, a mi crianza aquí, porque finalmente viví entre los cuatro y los once años en Estados Unidos. Y creo que soy el único, el único mexicano WASP, en cierto modo, el único mexicano que tiene el "Protestant Work Ethic". Me enfermo si no trabajo todos los días, si no estoy a las ocho en mi máquina; me empiezan a entrar ataques de culpas calvinistas; creo que estoy predestinado al infierno. No sé vivir el *dolce far niente* de los latinos. ¡Hélas! Luego viví en Chile mucho tiempo, que es para mí un hecho muy importante porque fue mi reincorporación al mundo de la lengua castellana y al de la política.

¿EN QUÉ AÑO OCURRIÓ ESO?

Estamos hablando del año 41 con Aguirre Cerda en la presidencia en Chile, el Frente Popular, la muerte de Aguirre Cerda, el interinato de Jerónimo Méndez, la gran elección, la lucha tremenda electoral que hubo,

---

3. Museo de pintura en Madrid   4. cuadro de Velázquez   5. quitar la piel

que llevó a la presidencia a Juan Antonio Ríos contra Ibáñez, los años de la guerra. Mi padre tenía un papel muy concreto; él era encargado de negocios de México porque había una gran distancia de los gobiernos ya plenamente asimilados a la causa aliada[6], como era el de México, y los gobiernos de Chile y Argentina que no querían sumarse al esfuerzo contra el Eje[7], ¿recuerdas? Entonces la misión de mi padre era empujar a Chile hacia una ruptura de relaciones. Con la misma función fue a la Argentina más tarde durante la presidencia de Farrell... y ya Perón como Ministro de Trabajo, y un nefando[8] personaje llamado Hugo Wast como Ministro de Educación; lo cual decidió en gran medida mi vida. Aquí llegamos a *La familia lejana* otra vez porque yo me enamoré de Buenos Aires, verdad, por muchos motivos, y algunos de ellos muy privados que yo te he contado... Es una ciudad que yo amo profundamente y lo único que no he tolerado es la educación que se impartía en las escuelas, determinada por este Martínez Zuviría, horrendo personaje... Entonces ya la educación tenía un tinte fascistoide tremendo. Si se trataba de la historia de la antigüedad había que darle siempre la razón a los espartanos ¿sabes? contra los atenienses, por ejemplo. ¡Qué

Entonces yo les decía: "Están locos ustedes, ¿se dan cuenta que si ganan los nazis, los convierten en jabón a todos Uds.? ¿no se han visto en el espejo? ¿creen que son arios?"

horror! Todo era así, todo era una interpretación a favor de la fuerza en contra de la libertad, ¡terrible! Entonces yo le dije a mi papá: "Yo no puedo ir a la escuela aquí." Y bueno, me dijo " ahora no puedes entrar a México, estamos aquí, son las vacaciones..."

Entonces yo me dediqué a recorrer Buenos Aires, a recorrerlo a pie, para arriba y para abajo. Para mí Buenos Aires es una ciudad de noches calientes, la Boca, Maldonado, siguiendo a la orquesta de Aníbal Troilo, Pichuco, para arriba, para abajo; tenía gran pasión por él y por el tango, por Canaro, y un director de orquesta de tangos que usaba *pince nez*. ¿Cómo se llamaba? Un flaco-flaco con *pince nez*. Chistosísimo; parecía personaje de novela de Agatha Christie dirigiendo una orquesta de tango. ¿Cómo se llamaba? Con **S** empezaba. Vi todo el cine argentino en la calle Lavalle. Iba todas las tardes al cine Hindú, al Suipacha, al Sarmiento, todos los cines de ahí. Yo sé el cine argentino completo. Soy una enciclopedia del cine argentino. Pero, hélas, tuve que dejar Buenos Aires porque no me gustaba ir a la escuela. Lo dejé con gran tristeza porque me gustaba la ciudad, porque ahí fue mi iniciación sexual y luego yo me dije, "ahora en México, ¿qué voy a hacer? aquí yo tenía una amante preciosa,

---

6. Fuerzas Aliadas   7. fuerzas fascistas en la Segunda Guerra Mundial   8. abominable

divina. En México, ¿qué voy a tener? no voy a tener nada." En efecto, en México era imposible en esa época para un chico de 16 años tener una amante, ¿verdad?, tenías que ir a los burdeles[9] a la fuerza, el burdel o la puñeta[10] eran las soluciones. ¡Espantoso! Me sentí humillado...Regresé a México y fue muy traumático para mí, porque fue la primera vez que regresaba a mi país a vivir en él y yo era muy raro, muy extraño a los ojos de los demás porque traía acento argentino, chileno, porque me vestía con bombachas, porque leía el *Billiken*, el *Patoruzú*, en fin...Me zamparon[11] en una escuela de aztecas pro-nazis; todos eran pro-nazis por ser anti-gringos. Entonces yo les decía: "Están locos ustedes, ¿se dan cuenta que si ganan los nazis, los convierten en jabón a todos Uds.? ¿no se han visto en el espejo? ¿creen que son arios?" No me entendían, me hacían pasar malos ratos y la escuela era una escuela católica; y yo nunca había ido a una escuela católica en mi vida porque mi padre era muy liberal. Mi madre aprovechó que esta vez mi padre se quedó en Buenos Aires, tratando de procurar siempre la ruptura de relaciones con el Eje, ¿verdad?, para meterme en una escuela de curas maristas. Figúrate que ahí todo era pecado ¿no?

Absolutamente todo estaba bajo el signo del pecado. Además trataban de violarte, los religiosos, sobre todo a la hora de jugar al fútbol que te pusieran los sostenes, te acomodaran los testículos... Eran unos tipos espantosos. Yo no sabía qué hacer. Pero en fin me acomodé en México y ahí hice mis primeros años de estudios de preparatoria encaminados a la carrera de derecho. Yo no quería ser abogado, yo quería ser escritor.

...bastan estos libros para entender la teoría política y que son *La República* de Platón, *El Príncipe* de Maquiavelo, y el *Contrato Social* de Rousseau. Lo demás lo olvidamos.

¿QUE ERA VISTO COMO UN PECADO POR LA FAMILIA?

No un pecado pero me decían te vas a morir de hambre, ¿verdad?; un escritor en México no vive de sus libros, es una locura lo que vas a hacer. Me mandaron a ver a Alfonso Reyes nuevamente y Reyes me dijo: "Mira, éste es un país muy formal. México es un país muy formal. Si tú no tienes un título de abogado, si no eres el Licenciado Fuentes, entonces eres como una taza sin asa. No saben por dónde agarrarte, tienes que tener un título, luego haz lo que quieras. Y vas a saber que Stendhal tiene razón", me dijo, "el estudio del código civil es la mejor escuela para aprender cómo se construyen novelas." Tenía razón. Estuve en la Escuela de Derecho, pero no me gustaba. Preferí ir a Europa un rato. Estuve en

---

9. prostíbulos   10. masturbación   11. mandaron

Ginebra un año trabajando y estudiando en el Instituto de Altos Estudios Internacionales. Redescubrí una disciplina porque había sido muy pata de perro, luego la parranda[12] a los 17, 18, 19 años, pero descubrí el mundo que luego describí en *La región más transparente.* Lo frecuenté mucho. Todo ese mundo social mexicano, los mariachis, las plazas, las putas de los peores burdeles de México, entre las aristocracias o las pseudoaristocracias...todo el mundo de *La región más transparente* se me cocinó en esos años en que fui muy indisciplinado y no hacía nada más que andar de fiesta en fiesta y de borrachera en borrachera. Pero luego en Ginebra, qué remedio, hay que disciplinarse, o se muere uno en ese país. Stendhal dijo: aquí se dan las rosas sin perfume. Entonces regresé ya muy limpio a México. Hice mi carrera de derecho. Comprendí que Reyes tenía razón, que el código civil francés servía para escribir novelas, que el derecho daba una apertura general. Tuve estupendos maestros, sobre todo un gran maestro que era Manuel Pedroso. Manuel Pedroso fue Rector de la Universidad de Sevilla, Embajador de la República Española en Moscú primero, luego en Caracas. Era un viejo extraordinario, de una vastísima cultura, ¿no? Y él por fortuna nos enseñó a leer, a mi generación, nos enseñó a leer en serio. El daba la clase de Teoría Política, Teoría del Estado. Y decía: "Miren, no vamos a perder el tiempo memorizando nombres y haciendo listas de teléfonos. Vamos a aprender en serio. Vamos a leer en serio tres libros porque bastan estos libros para entender la teoría política y que son *La República* de Platón, *El Príncipe* de Maquiavelo, y el *Contrato Social* de Rousseau. Lo demás lo olvidamos. Bueno, no se preocupen; no estudien derecho penal, lean a Dostoyevsky. Ahí está todo." Bueno, gracias a un maestro así pues era posible entender las cosas. Conocí a mis amigos de siempre, mis amigos generacionales. Entré a la vida de México y al salir de la escuela publiqué mi primer libro que es *Los días enmascarados,* un libro de cuentos. Y sentí que ya podía sentarme a escribir alguna empresa mayor que fue eventualmente *La región más transparente.*

---

12. fiesta

Después de leer

23. ¿Entendió? Trabajen en parejas y haciéndose las preguntas uno a otro, comenten los siguientes puntos:

a. ¿Por qué menciona Fuentes a todas las personas que tienen la misma (o casi la misma) fecha de cumpleaños que él?

b. ¿Cómo llegó a conocer al escritor Alfonso Reyes?

c. ¿Qué anécdotas cuenta sobre el autor Paul Morand?

ch. ¿Por qué dice que tuvo "una infancia desastrosa"?

d. ¿Qué tipo de vida llevó como adolescente en Buenos Aires?

e. ¿Qué consejos le dio Alfonso Reyes ante su plan de convertirse en escritor?

24. Análisis de la estructura. Con otro(a) colega, conteste las siguientes preguntas. Luego compare las respuestas con las de sus colegas de clase.

a. ¿Cuáles son las características en común entre esta autobiografía y la de Gades? ¿Cuáles son las diferencias?

b. ¿Contiene esta autobiografía los siguientes elementos?

humor

anécdotas

citas de otros

emoción

drama

información conocida sobre Fuentes

información compartida con el público hispano

experiencias comunes

expresiones coloquiales

una presentación organizada y coherente

c. ¿Cree que Fuentes ha logrado elaborar una autobiografía interesante con éxito?

25. OTRAS PREGUNTAS. Con otro(a) colega, elabore una lista de cinco preguntas que a Uds. les gustaría hacerle a Fuentes basándose en lo que ha dicho. Comenten con la clase cuáles son las preguntas más accesibles y que estimulan al entrevistado a que revele más de sí mismo, sin ser demasiado impertinentes. También indiquen las razones por las cuales Uds. piensan que estas preguntas serían más apropiadas para una entrevista con Fuentes.

26. OTRA AUDIENCIA

a. Si Fuentes se hubiera dirigido a otra audiencia que no estuviera compuesta por profesores, estudiantes, y críticos literarios, ¿qué modificaciones habría hecho en su discurso? Con otro(a) colega, elabore una lista de modificaciones en el discurso de Fuentes según el público al que se dirige:

   1. un grupo de estudiantes de una escuela secundaria en Tejas

   2. un grupo de actores españoles

b. Ahora, junto con un(a) colega, tome el papel de Fuentes y preparen una entrevista en que el(la) entrevistador(a) represente a uno de estos grupos de personas.

27. LOS TEMAS. Fuentes toca varios temas interesantes, por ejemplo:

a. los signos astrológicos

b. los empleos de los funcionarios de una embajada

c. gente que ha influido en su vida

ch. su carencia de infancia

d. su educación

e. su adolescencia

f. la influencia de la Segunda Guerra Mundial en su vida

g. su carrera de Derecho

A. Con otro colega, seleccione cuatro temas y haga un resumen de lo que Fuentes ha dicho en lo que se refiere a esos temas. Describa también la influencia que ha tenido cada elemento en su vida.

B. Luego, seleccione tres temas y, con un(a) colega, describa episodios de su propia vida relacionados con cada uno de ellos.

¡A PRESENTARSE!

AHORA LE TOCA A USTED

Ahora, piense en su propia vida; por ejemplo, experiencias interesantes, episodios importantes, tres personas influyentes en su vida, las cinco cosas que considera más importantes en su vida.

A. PREPARACIÓN. Ordene sus ideas cronológicamente según el año y escríbalas en una hoja de papel, con un formato parecido al de esta cronología:

1975:   Con cinco años de edad, mis padres me mandan a una escuela privada en Suiza. Me quedo allí tres años y vuelvo a los Estados Unidos ya trilingüe.

1978:   Mi primera pelea con otro chico americano, el primer día de clases en los Estados Unidos.

Trate de pensar en anécdotas, citas de otras personas, episodios graciosos o curiosos, para hacer interesante la historia y mantener la atención de sus oyentes.

B. PRÁCTICA. Luego déle la hoja de la cronología a un colega para que se familiarice con su vida y piense en algunas preguntas que pueda hacerle.

C. PRESENTACIÓN A LA CLASE. Después, representen una entrevista más o menos formal frente a la clase, en la que cada persona tendrá la oportunidad de hablar de sí misma, tratando de incorporar las estrategias y elementos que se han discutido en este capítulo:

1. el humor, anécdotas, citas de otros

2. emoción, drama

3. información compartida con el público americano

4. experiencias comunes

5. expresiones coloquiales

6. una presentación organizada y coherente

7. cosas que cree que puedan interesar a los oyentes

PARA MIRAR DE CERCA

Busque una entrevista, en un periódico o revista, a una persona conocida.

Estudie las estrategias que utiliza el entrevistado al describirse y evalúe si ha logrado contar su historia de una manera interesante.

INTRODUCTION TO THE *BRIDGING THE GAP* SERIES
KATHERINE KULICK

The *Bridging the Gap* content-driven materials complete the "bridge" between language skill courses and content courses by focusing first on content, with language skill development in an active, but supporting role. The text and organization are clearly content-driven, yet while they are similar to most upper-division courses in their focus on particular issues and themes, they are unique in their design to provide the linguistic support needed for in-depth development of the subject matter and continued skill development.

The *Bridging the Gap* program offers two coordinated content-driven textbooks in French, German, and Spanish. The two books within each language share a focus on the same set of topics in contemporary social, political, and cultural issues throughout the French-speaking, German-speaking, and Spanish-speaking regions of the world. Both texts offer substantive readings in depth as well as in length. Multiple readings on each topic offer differing viewpoints.

The two books differ in the skills they continue to develop. One book provides an emphasis on oral and written discourse strategies while the other book focuses primarily on reading strategies. While each textbook may be used independently, when used together, the two books offer a greater in-depth exploration of current social and cultural issues within a global perspective as well as substantial skill development support.

The readings in each book are authentic texts drawn from a wide variety of sources. Rather than presenting a sample of 12–15 different topics and treating each one in a somewhat superficial manner, each text focuses on 5–8 topics in order to explore them in greater detail. The authors agree that the development of advanced-level skills requires extended exposure to, and in-depth exploration of each chosen topic. Detailed description and supporting opinions, for example, require a degree of familiarity with the subject matter that cannot be achieved in one or two class meetings. In order to explore and develop advanced-level discourse strategies, an extended period of time is essential.

In addition to their content-focus, these materials are unique in their approach to skill development. Rather than simply recycling earlier grammatical instruction, these advanced-level materials enable students to interact with authentic materials in new ways, helping them acquire skills not normally found at the intermediate level.

As students leave the intermediate and post-intermediate level courses to focus on such areas as literature and civilization, we, as instructors, recognize the need for student language skills to continue to develop even as the course focus shifts from language skills to content-oriented instruction. We would like our students to demonstrate an increasing sophistication and complexity in their language skills and in their interaction with reading and/or listening materials. The content-driven materials in the *Bridging the Gap* series are intended to enable students to reach these goals.

CONTENT-DRIVEN SPANISH: *FACETAS*

The books at this level have six chapters, each of which focuses on content areas that offer distinctive perspectives on the Spanish-speaking world.

Chapters	Content Areas
1	Sociology: The Youth of Today
2	Gender Issues: The Roles of Men and Women
3	Psychology: The Individual in the World
4	Social Sciences: Politics and the Economy
5	Technology: Medicine, Ecology, and the Environment
6	Cultural Identity: Various Aspects of the Hispanic World

USING THE COMPLETE *FACETAS* PROGRAM

PLANNING AN ADVANCED-LEVEL CURRICULUM

The companion books *Facetas: Conversación y redacción* and *Facetas: Lectura* can be used either individually to develop specific language skills, or together to form a complete multiskilled program. The chapter topics of both books have been coordinated to provide complementary rather than identical themes.

Each of the two books makes an effort to address issues of conversation, composition, and reading, but whereas *Facetas: Conversación y redacción* centers principally on conversation and composition skills, *Facetas: Lectura* places its emphasis on the development of reading strategies. Depending on the principal focus of your course, you can choose the book that best meets your specific needs.

For a complete yet flexible program the use of both companion books will ensure the optimum development of all three skills. Three basic approaches are:

1. **Complete coverage.** Begin with a chapter from one of the component books and follow that up with the corresponding chapter of its companion book. For example, a week or two devoted to conversation and composition may be followed by a week or two of developing reading strategies around the related theme (or reverse the order in which you use the two books). Using the two texts in this manner has the advantage of reinforcing contextualized vocabulary and structures by activating them across skills and by offering students greater depth of coverage in specific context areas.

2. **Alternate topics and books.** During the first two weeks focus on the theme of the first chapter from the reader and during the next two weeks turn to the second chapter from the conversation/composition book. This will ensure that you cover more topics but give attention to all three skills during the academic semester or year.

3. **Mix and match.** Choose several topics from different chapters of both books, rather than opting for complete chapter coverage, for the development of all three skills.

Table of Contents

Capítulo 4   Manifestaciones del poder *181*

¿QUÉ SIGNIFICA SER JOVEN EN EL MUNDO ACTUAL?

Para muchos, la juventud representa un momento de horizontes sin límites en que cualquier cosa es posible. La imaginación adulta asocia la juventud con la exuberancia, la energía y la posibilidad. A su vez, la imagen comercial construye la juventud como el ideal en cuanto a belleza física, el momento que quisiéramos captar para la eternidad, la eterna juventud. También los adultos de hoy recuerdan la juventud de los años 60, la generación

¿Es la juventud la época más feliz de la vida?

"hippy" que estaba a la vanguardia de la efervescencia política y social del momento. Sin embargo, el mundo también contempla la juventud como una etapa turbulenta: abundan frases hechas del tipo de "el problema de la juventud", "la crisis de la juventud", "los valores de la generación joven".

Pero en realidad ¿qué significa ser joven hoy? ¿Tiene sentido la pregunta de forma abstracta? ¿Cómo determinan los factores de clase, raza y nivel económico la experiencia de los jóvenes de hoy? ¿Significa lo mismo ser joven en la nueva España democrática que en los pueblos en desarrollo de América Latina, o que en el poder industrializado representado por los Estados Unidos? ¿Se pueden reducir las experiencias multifacéticas de los jóvenes a simples "temas de la juventud"? Las lecturas de este capítulo abordan precisamente estas cuestiones.

VOCABULARIO TEMÁTICO

1. LAS ETAPAS DE LA VIDA. Para hablar de la juventud, conviene situarla dentro del desarrollo de las etapas de la vida. Aquí se presentan estas etapas con sus palabras relacionadas:

Etapa	Adjectivos relacionados	Verbos
la niñez	infantil	criarse
la adolescencia	adolescente	crecer
la juventud	juvenil	desarrollar
	joven	
la madurez	maduro	madurar
	adulto	
la vejez	anciano	envejecer

2. PALABRAS RELACIONADAS CON LAS ASPIRACIONES Y EL ESTADO DE ÁNIMO. Como la juventud es una etapa de cambios y de la afirmación de una identidad, muchas de las siguientes palabras formarían parte de una discusión de esta edad:

la autoafirmación la afirmación de uno mismo, de su independencia, sus gustos, su estilo de vida, etc.

la autonomía la independencia y, normalmente para un adolescente, la separación de los padres y de sus valores

las expectativas las cosas que uno espera de la vida, como la carrera, el dinero, el amor

las metas las cosas que uno se propone para alcanzar; las aspiraciones para el futuro

la rebeldía el sentimiento de rebelión; lo que uno siente cuando es **rebelde**

el sentido de seguridad el sentido de sentirse seguro y protegido

los sentimientos las emociones que se sienten, como el amor, el miedo, el cariño, etc.

los valores las cosas que uno considera de una importancia fundamental en el orden moral de su vida

el yo el ego

3. VERBOS RELACIONADOS CON LAS ASPIRACIONES Y EL ESTADO DE ÁNIMO.

fracasar   no tener éxito; fallar

llevar a cabo / realizar   completar; finalizar (un proyecto, por ejemplo)

lograr   conseguir una meta

superar   triunfar sobre los obstáculos

4. OTRAS PALABRAS Y EXPRESIONES IMPORTANTES.

la brecha generacional   las diferencias entre las generaciones

cumplir 18 (20, 30 etc.) años   celebrar los 18 (20, 30, etc.) años

un huérfano   un niño sin padres

las normas / las pautas de la sociedad   las reglas o convenciones sociales

el porvenir   el futuro

el seno de la familia   el círculo familiar

PARA SEGUIR AVANZANDO: FUNCIONES PARA AYUDAR EN LA EXPOSICIÓN DE UN ARGUMENTO

I. FUNCIONES TEMPORALES: PASADO, PRESENTE Y FUTURO

Para situar el tema de la juventud en este capítulo, no sólo hay que referirse a los valores y actitudes de los jóvenes actuales y de sus metas y expectativas para el futuro sino recordar la juventud de generaciones anteriores.

EL PASADO

Hablar y escribir sobre la juventud de hoy sugiere toda una serie de comparaciones con la juventud de otras épocas y de otros lugares. Considerar la juventud también nos lleva a recuerdos de nuestros propios años juveniles — las cosas que hacíamos (narración) y cómo eran esos años (la descripción). Para considerar el pasado nos sirve contemplar las siguientes nociones funcionales:

A. ALGUNAS EXPRESIONES QUE INTRODUCEN O INDICAN UNA NARRACIÓN O DESCRIPCIÓN EN EL PASADO

> **En esa época / En aquellos años / En esos tiempos / En aquel entonces / Antes / Antaño** era más difícil hacerse una carrera universitaria en el Perú.

Hace 10 (20, 30) años ser joven implicaba más responsabilidades.

En la década de los 60 (70, etc.) / En los años 60 (70, etc.) había menos universidades que ahora en todas partes del mundo.

B. EL TIEMPO IMPERFECTO SIRVE PARA DESCRIBIR EN EL PASADO Y PARA NARRAR ACCIONES QUE PASABAN CON REGULARIDAD EN EL PASADO

El joven universitario norteamericano de los años 50 **era** mucho más conservador que su compatriota de los años 60, el cual **participaba** regularmente en manifestaciones políticas e insistía en determinar el curso de sus estudios.

EL PRESENTE

Se presentan aquí algunas expresiones que se usan para indicar la época de hoy.

Actualmente / En la época actual / En la actualidad / Hoy día / Hoy en día / En este momento / En estos momentos los estudiantes españoles se ven obligados a seguir viviendo con sus padres durante los años de sus estudios.

EL FUTURO

A. TRES MANERAS DE HABLAR DE ALGO EN EL FUTURO

A diferencia del inglés, el cual usa normalmente el tiempo futuro para expresar el concepto de futuridad, el español admite mucho menos el uso de este tiempo verbal, prefiriendo el tiempo presente o la construcción **ir + a + infinitivo.**

Primera opción (Presente): El año próximo **estudio** en Madrid.

Segunda opción (Ir + a + inf.): El año próximo **voy a estudiar** en Madrid.

Tercera opción (Futuro): El año próximo **estudiaré** en Madrid.

B. PARA PROYECTAR EN EL FUTURO

Se usa el presente del subjuntivo después de ciertas expresiones de tiempo (cuando, tan pronto como, en cuanto, después de que, hasta que, mientras que) cuando el verbo de la acción principal expresa una acción futura, como en estos dos tipos de frases:

Verbo principal futuro + expresión temporal + presente del subjuntivo

Los estudiantes peruanos podrán estudiar cuando (tan pronto como / en cuanto / después de que) la violencia **termine.**

Expresión temporal + presente del subjuntivo + verbo principal futuro

> Cuando (Tan pronto como / En cuanto / Después de que) la violencia **termine** los estudiantes peruanos podrán estudiar.

C. LAS DUDAS Y LAS POSIBILIDADES PARA EL FUTURO

Cuando se proyecta la vida en unos cinco, diez o veinte años no se puede estar seguro de lo que nos puede pasar. En casos de duda o posibilidad— frases que utilizan expresiones como **dudo que, no estoy seguro de que, es posible que, puede ser que**— el español utiliza el presente del subjuntivo para proyectar hacia el futuro.

Duda

> Dudo que / No estoy seguro de que **pueda** realizar todas mis expectativas.
> Dudo que / No estoy seguro de que el futuro **sea** tan seguro.

Posibilidad

> Es posible que / Puede ser que **realice** todas mis metas para el futuro.
> Es posible que / Puede ser que **tenga** éxito en mi carrera elegida.

II. PARA COMPARAR Y CONTRASTAR

Este capítulo también contiene algunas actividades en las cuales se compara y se contrasta la juventud de hoy con la de otras generaciones y los jóvenes hispanos (de España y de Latinoamérica) con los norteamericanos. Para hacer comparaciones y contrastes de una manera más sofisticada, conviene estudiar las siguientes expresiones:

> Los jóvenes de hoy, **a diferencia de / en contraste con** los de los años 60, dan la impresión de ser menos idealistas.

> **Al igual que / A semejanza de / Lo mismo que** los jóvenes norteamericanos, los españoles de hoy están viviendo unos reajustes económicos que no conocieron sus hermanos mayores.

> **De la misma manera que / De modo semejante que / Igual que / Así como** las generaciones anteriores, los jóvenes de la última década del siglo XX tienen que autoafirmarse y definir sus metas.

> Se dice que el nivel de vida hoy en los EE.UU. es **inferior al** de hace 30 años; sin embargo, es **superior al** de España.

Mientras que la imagen comercial presenta la juventud como el ideal físico, los jóvenes se esmeran en mejorar más y más su aspecto físico.

La imagen comercial de la juventud no **se parece** mucho **a** la imagen que dibujan los jóvenes de sí mismos.

III. PARA CONSTATAR UNA OPINIÓN PERSONAL

Muchas de las actividades de este libro le piden a Ud. que exprese su propia opinión sobre un tema. Se presentan aquí algunas de las muchas maneras de expresar su propio punto de vista.

A mi parecer...

Considero que...

Creo que...

Desde mi punto de vista...

Digo que...

En mi opinión...

Me parece que...

Pues, yo opino que...

Según lo veo yo...

EN TORNO AL TEMA: CONVERSACIÓN

1. YO Y MIS PADRES. En grupos pequeños compárese a sí mismo y sus compañeros colectivamente con sus padres en los siguientes aspectos (no se olviden de utilizar las funciones de la sección **Para comparar y contrastar** y las de la sección sobre el pasado):

atributos físicos

situación económica

sentido de seguridad

sentido de identidad

capacidad de divertirse

gustos

opiniones políticas

opiniones acerca de la sociedad

otras categorías

2. LAS EXPECTATIVAS PERSONALES.

Todos tenemos aspiraciones y expectativas de nuestra vida. Primero, utilizando las columnas que siguen abajo, reflexione sus propias expectativas, las cosas que le pueden ayudar a realizar estas aspiraciones y las cosas que pueden impedir que logre estas metas.

Metas y expectativas	Cosas que me pueden ayudar a realizarlas	Posibles obstáculos

Después de escribir la información indicada, cada estudiante va a presentar una de estas expectativas a la clase, junto con lo que tendrá que hacer para lograr la meta y superar los obstáculos. Los otros miembros de la clase también pueden ofrecerle consejos y comentarios sobre su plan.

3. ¿TIENE UD. UN FUTURO SEGURO?

En pequeños grupos, discutan sus incertidumbres respecto a su propio futuro. (No se olviden de utilizar las expresiones en la sección **Las dudas y las posibilidades para el futuro.**)

EN TORNO AL TEMA: REDACCIÓN

1. LAS ETAPAS DE MI VIDA.

En un ensayo escriba unos párrafos sobre cómo su vida cambió al llegar a ser adolescente. Compare la vida en su niñez con su vida ahora. (Refiérase a la sección **El pasado.**)

2. PROYECTANDO HACIA EL FUTURO.

En un breve ensayo de una página describa los cambios entre su vida de ahora y su vida en 20 años, incluyendo aspectos físicos, económicos y emocionales. Describa sus sentimientos respecto a estos cambios: ¿le gustan? ¿tiene miedo a estos cambios? (Puede referirse a la sección **El futuro** antes de escribirlo.)

3. JUVENTUD Y CLASE. Escriba una comparación de la juventud de alguien de familia rica, de alguien de clase media, y de alguien de clase pobre. (Refiérase a la sección **Para comparar y contrastar.**)

FACETA 1

Los valores de la juventud española actual

La sociedad española ha cambiado considerablemente desde 1976, año en que su régimen autoritario empieza a transformarse en democracia. En gran parte la generación idealista que llegó a la mayoría de edad en los años 60 y 70 ha marcado el paso hacia la modernidad. Aunque los 40 años de dictadura han desembocado en un gobierno socialista, curiosamente, la juventud española actual resulta de signo conservador dentro de un ambiente social moderno y liberal.

Los dos artículos siguientes presentan el resultado de dos encuestas en que la juventud española expresa sus valores, sus temores y sus intereses personales.

ANTES DE LEER

Antes de leer los artículos llene los tableros que figuran a continuación y tenga presente sus respuestas al leer y analizar la reacción de los jóvenes.

Luego pase estas hojas a otra persona para que haga una interpretación de Ud. según los datos que Ud. ha dado en la encuesta.

De lo que más se habla en casa				
	Siempre	Bastante	Poco	Jamás
trabajo y estudios				
el futuro				
diversiones				
problemas personales				
política				
religión y moral				
sexo				
otros temas				

Algunos temas contemporáneos

	Estoy a favor	Estoy en contra
penalización de la droga		
relaciones homosexuales		
legalización del aborto		
experiencias prematrimoniales		

La libertad en casa

	Libremente	Difícilmente	Jamás
¿Puede pasar la noche fuera de casa?			
¿Puede llevar al novio / a la novia a casa?			
¿Puede tener relaciones amorosas en casa?			

Tiempo que dedican a sus aficiones
(promedio de minutos diarios)

ver la televisión
tomar copas
pasear
leer libros
escuchar música
servicio comunitario
hacer deportes
practicar hobbies
leer la prensa
juegos
otras cosas

Vocabulario útil

Actividades favoritas de los jóvenes

ir de copas   salir a tomar unas bebidas en un bar

ligar   establecer el primer contacto amoroso con alguien (Este "alguien" se llama **un ligue**.)

Reacciones y sentimientos

estar agobiado   estar cansado; estar exhausto

estar dispuesto   tener una disposición positiva a algo

> Los jóvenes españoles **están dispuestos** a vivir en casa hasta que se casen.

ser una lata   ser un fastidio; ser un problema; ser una molestia

> Según algunos muchachos españoles, es **una lata** hacer los quehaceres de la casa.

pasar de   no tener interés en algo

> Muchos jóvenes no participan en la política. Es decir, **pasan de** ella.

ser partidario de algo   ser aficionado a algo

> Los jóvenes **son muy partidarios** de mirar la tele.

(no) soportar   (no) tolerar

> Un joven acostumbrado a la libertad **no soportaría** un horario fijo.

traerle (a alguien) sin cuidado   no importarle (a alguien)

> Curiosamente, el SIDA **les trae sin ciudado** a los jóvenes españoles.

El mundo del trabajo, de los negocios y del dinero

colocado   empleado

empresario   un hombre de negocios

enriquecerse   hacerse rico

sobornar   una actividad ilegal, que consiste en pagarle dinero a un oficial para que rompa la ley a beneficio de uno

Preocupaciones de los jóvenes españoles de hoy

comprar un piso   comprar un apartamento

estar en paro   estar sin trabajo

pasar hambre   tener hambre

el SIDA   una enfermedad, muchas veces mortal, que debilita el sistema inmunológico

EXPRESIONES IDIOMÁTICAS Y OTRAS PALABRAS ÚTILES

la otra cara de la moneda   otro aspecto de un tema
venirle bien a uno   resultarle bien a uno

> *Económicamente **les viene bien** a los jóvenes españoles seguir viviendo con sus padres.*

ESPAÑA: VIDA MODERNA

"Tele y copas, las drogas juveniles de los noventa"

La estadística oficial describe así a los nuevos jóvenes españoles: gastan su tiempo en ver la televisión y en tomar copas. Pasan de política, les obsesiona el dinero, les trae sin cuidado el SIDA y no se van de casa hasta bien cumplido el cuarto de siglo.

El lema de la juventud *hippy* de los años sesenta fue "sexo, drogas y rock and roll". Los jóvenes españoles de los noventa dicen que son adictos a la televisión, a las copas y al paseo. Son los hijos del *baby boom* y la era audiovisual.

Miguel Angel Morón, 21 años, madrileño, que trabaja como mensajero, es uno de los 9.715.000 jóvenes que hay en España. A pesar de trabajar doce horas diarias, aún le puede dedicar dos a la televisión. Y los fines de semana algo más, ya que aprovecha para ver películas en el video.

Según el nuevo Informe de la Juventud en España II al que ha tenido acceso esta revista, realizado por el Instituto de la Juventud, la mayoría de los chicos y chicas entre 15 y 29 años tiene a la tele como principal diversión.

Un chico responsable. Pero Miguel Angel también cumple otros requisitos que le caracterizan como joven actual. Vive con sus padres y no piensa irse de su

DE LO QUE MÁS SE HABLA EN CASA				
%	Con el padre		Con la madre	
	Ellos	Ellas	Ellos	Ellas
Trabajo y estudios	63	64	65	75
Sobre el futuro	53	54	56	64
Diversiones	30	34	38	49
Problemas personales	22	18	29	39
Política	19	16	12	13
Religión y moral	12	17	17	26
Sexo	7	8	9	21

Éstas son las conversaciones más frecuentes. En cada apartado, el resto confiesa que no habla o que lo hace con poca frecuencia.

casa "hasta que me case, porque soy muy joven para vivir solo". Su novia, Rosa María, también de veintiún años, es cajera de un hiper[1] y tiene la misma forma de vida. Se sienten cómodos en casa y económicamente les viene bien, porque gracias a ello "nos podemos comprar un piso". Hasta hace dos años, Miguel Angel entregaba todo el salario a su madre, pero ahora sólo le da 25.000 pesetas. El resto lo reparte entre las letras del piso[2], del coche... y sus gastos personales, que se han visto muy limitados por todas sus inversiones.

Él fue, hace cinco años cuando empezó a trabajar, uno de los pioneros en poblar las grandes ciudades de chicharros (vespinos)[3],

QUE TRABAJEN LAS MUJERES		
%	Ellos	Ellas
Limpiar en casa	6	40
Cocinar	4	29
Lavar y planchar	0,6	6
Otros trabajos domésticos	8	26
• Se resaltan los datos más llamativos.		

de los que corren vertiginosamente entre los coches para repartir documentos y paquetes. Hasta entonces estudiaba a trancas y barrancas[4]. Como no se divertía demasiado en la escuela, se buscó unos coleguis[5] de no muy buena reputación. Para evitar que la cosa pasara a mayores, sus padres decidieron que lo mejor era que empezara a trabajar.

Miguel Angel no pasó la frontera del mal y se mantuvo como chico responsable. El estudio muestra que el 63 por ciento de los entrevistados se muestran partidarios de la penalización del consumo de drogas. No esperan conseguir el *nirvana* a través del ácido, como sus antecesores los *hippies*.

Entre los jóvenes sigue existiendo la discriminación por razón de sexo. El machismo es algo real en el seno de las familias españolas. Lo indica el informe y la confirma Isabel Lázaro, de 24 años, psicóloga en paro.

Ella y su hermano pequeño viven con una tía y la abuela materna. "Mi tía trabaja fuera de casa así que todas las tareas domésticas las tenemos repartidas. Pero mi hermano busca siempre cualquier excusa para escaquearse o cumple pero siempre bajo mínimos."

También Ignacio Barturen, 24 años, estudiante de quinto[6] de Económicas en

---

1. una muchacha que trabaja en la caja de un supermercado   2. los pagos de un piso   3. motocicletas
4. superando todos los obstáculos   5. compañeros, amigos, colegas   6. del quinto año de estudios

Deusto (Bilbao), se queja de las "labores del hogar", aunque tiene muy asumido que no le queda más remedio que hacerlas. Son seis hermanos y sus padres trabajan. "Mi madre es profesora y mi padre marino así que —dice— nosotros tenemos que hacer casi todas las cosas: desde ir al banco a cuidar de la casa. Menos mal que nos llevamos muy bien y nos repartimos las tareas, pero no deja de ser una lata. Además hay cosas que las chicas no saben hacer: clavar clavos, arreglar enchufes... Eso nos toca a nosotros."

El estudio es claro en ese punto. El 94 por ciento de los chicos encuestados no participa en la limpieza de la casa mientras que sí lo hacen el 40 por ciento de las chicas.

Ignacio admite que todavía existe el machismo y pone de ejemplo su exitosa facultad, donde casi nadie conoce el paro al finalizar la carrera. "Cuando las empresas vienen a buscar gente empiezan por los chicos, sólo aceptan a las mujeres cuando los hombres están colocados. De la promoción del año pasado sólo hay una chica en el paro."

Las relaciones familiares, según el Informe, no han cambiado demasiado. La tolerancia es... relativa. El sexo, en la teoría y en la práctica, sigue siendo casi tabú. Se habla poco de él y hay menos libertad para practicarlo en casa. Ni Isabel, ni Miguel ni Ignacio pueden *dormir* en casa con sus novios o ligues, situacion que comparten con el 82 por ciento. Eso sí, le pueden llevar a casa e ir de vacaciones con ellos pero con la familia de carabina[7].
A pesar de las restricciones de libertad, prefieren seguir en casa. Sólo la dejan cuando encuentran una gran oposición para sus planes futuros o tienen que irse a estudiar fuera de su lugar habitual de residencia. O al casarse.

%	Total	Ellos	Ellas
LIBERTAD CONTROLADA			
PUEDEN PASAR LA NOCHE FUERA DE CASA*			
Con toda libertad	37	46	26
Con dificultades	16	18	13
Con grandes discusiones	12	11	14
No podrían	32	22	41
PUEDEN LLEVAR EL NOVIO A CASA			
Con libertad	72	77	67
Con dificultades	7	7	7
Con grandes dificultades	4	4	4
No podrían	17	12	22
PUEDEN HACER EL AMOR EN CASA			
Con libertad	8	13	3
Con dificultades	6	8	3
Con grandes dificultades	8	8	4
No podrían	78	69	90

*El resto hasta cien no lo plantean.

7. por fuerza

En Silvia García, 26 años, concurren las dos primeras circunstancias. Hace seis años abandonó León para ir a Madrid a estudiar arte dramático. Esta elección le supuso una ruptura familiar que se prolongó durante tres años. Para su padre, el mundo del teatro era *sucio* y no ofrecía un futuro seguro. Silvia lo tenía muy claro y siguió adelante. Sin pedir jamás dinero a su familia. "Nunca he hecho en el teatro papeles sino papelillos y he tenido y tengo que hacer montones de trabajos alternativos. Desde publicidad a modelo pasando por vendedora de rosas. Estoy siempre agobiada, pero nunca he pasado hambre."

"Sin relación" Jaime Esquerdo, 26 años, madrileño, es el amigo con el que Silvia comparte el piso. Y como ella también intenta hacerse un hueco en el mundo artístico aunque en distinto sector: el cine. Sus *hobbies* y su profesión se confunden: cuando no trabaja para sobrevivir hace cine, ve cine, lee revistas de cine, libros de cine... Acepta trabajos que "no me aten. No soportaría tener un horario. Necesito estar disponible para dedicarme a lo que me gusta".

Jaime pertenece dentro del estudio al 35 por ciento que se define *sin*

TIEMPO QUE DEDICAN A SUS AFICIONES	
(Media de minutos diarios)	
A la televisión	120
Tomar copas	60
Pasear	22
Leer libros	15
Escuchar música	15
Oír la radio	8
Hacer deporte	9
Practicar hobbies	8
Leer la prensa	6
Juegos	4

relación. "Yo —dice— voy por libre. Ni tengo novia ni la he tenido nunca." Las distintas relaciones existentes hoy día son reconocidas en la encuesta de la siguiente manera: *con pareja, con novio, con prenovio, con ligue* o la mencionada anteriormente como *sin relación.*

Tener novio formal supone, cuando él trabaja, una forma de mejorar el nivel de vida. Isabel Lázaro, dispone de una paga de diez mil pesetas mensuales pero gracias a los ingresos de su novio Fernando, que es ingeniero de caminos, "vivimos mucho mejor y podemos ir a cenar o a espectáculos a los que yo no podría asistir". Maribel, como la llaman familiarmente, no piensa casarse hasta que no tenga un trabajo. "Estoy convencida de que si no lo hago antes me convertiré simplemente en *señora de...* y no me gusta nada esa idea."

NIVEL DE ESTUDIOS		
%	Población	20–29
	total	años
Estudios superiores	3	4
Estudios medios	31	66
Estudios primarios	45	26
Analfabetos y sin estudios	21	2

Una mujer decidida. Mercedes Arístegui, 24 años, bilbaína[8], demostró tener más decisión. Hace dos años terminó los estudios de administrativo que había simultaneado con el trabajo en una tienda. Su pequeña experiencia le hizo decidirse a probar fortuna como empresaria. En la primera fase montó una tienda con su familia —padres y siete hermanos— de la que ella es socia y encargada. En septiembre del pasado año decidió ampliar horizontes y abrir otra tienda por su cuenta y riesgo. Los créditos la tienen asfixiada, así que sigue viviendo en la casa familiar. Durante la semana apenas sale, pero los fines de semana aprovecha a tope[9] y se va de poteo con los amigos. Cuando se le pregunta de qué hablan, dice que de la "actualidad del día...". Entonces, ¿habláis de política?, "no, casi nunca".

No es que Mercedes sea rara, simplemente es una más. Sólo el 23 por ciento de los jóvenes españoles se sienten muy interesados por la política a pesar de que en el País Vasco[10] es donde más concienciados están y donde se muestran más radicales. Allí se definen como de izquierdas con un fuerte apoyo de Herri Batasuna[11] y en el resto del territorio predominan los de centro-izquierda.

Silvia García y Jaime Esquerdo son la otra cara de la moneda. A los dos les encanta discutir de política con sus amigos: ella dice que es "del PCE[12] de toda la vida" y él está muy interesado en todo lo que sucede pero "no formo parte de ningún partido y tampoco soy muy combativo".

Unos poquitos como José Antonio Pérez Sequeiro, de diecinueve años, casi no sabrían qué hacer si no existiera la política. Participa activamente en ella desde hace dos años pero "siempre tuve mucha conciencia de las situaciones que me rodeaban y luchaba cuando se cometían injusticias, en el colegio o en el instituto". Ahora es secretario general del Sindicato de Estudiantes y todas sus aficiones, sus amigos, giran alrededor o están relacionados con la política. No se muestra muy interesado por el sexo y reconoce que las chicas no le quitan el sueño. Por eso cuando tiene un minuto libre prefiere jugar al futbolín.

MÁS TOLERANTES QUE SUS PADRES	
PENALIZACIÓN DE LA DROGA	%
A favor	63
En contra	35
Relaciones homosexuales	
A favor	81
En contra	17
LEGALIZACIÓN DEL ABORTO	
A favor	66
En contra	31
EXPERIENCIAS PREMATRIMONIALES	
A favor	89
En contra	11

---

8. de la ciudad de Bilbao   9. al máximo   10. región en el norte de España   11. partido separatista vasco
12. Partido Comunista Español

DE QUÉ VIVEN			
%	Total	Ellos	Ellas
Carecen de recursos propios	56	52	62
Independencia económica parcial	21	20	21
Independencia económica total	12	15	8

A Esther García, 20 años, le sucede justamente lo contrario. No tiene novio aunque no le faltan oportunidades. Estudia tercero[13] de Físicas y en la universidad se dio cuenta de que "yendo al estilo de Gary Cooper, sola, no puedes hacer nada". Por eso se apuntó en el CDS[14] y ahora es una de los 184.000 jóvenes españoles que participan en la política, un escaso 2 por ciento del total.

Ve su futuro económico un tanto negro a medio plazo[15] y comenta que le gustaría independizarse aunque lo ve "cantidad de difícil".

La juventud rural. En pleno campo andaluz[16], en un pueblecito de Córdoba, Cayetano Ramírez, 21 años, jornalero[17] cuando hay trabajo, tiene unos problemas similares a sus compañeros de ciudad aunque el cese de la emigración y el mayor atraso de las zonas rurales prolongan y dificultan más la salida de la gente joven. Para más *inri*[18], la novia de Cayetano, Carmen, de su misma edad, se dedica a sus labores. Les gustaría casarse pero "tendríamos que vivir con nuestros padres y no es plan". Cayetano sueña con ser su propio empresario, tener unas finquitas y trabajarlas, "nada más".

Las facilidades de comunicación han acercado la forma de diversión entre la ciudad y el campo. "Los fines de semana —comenta Cayetano— vamos con los que tienen coche a alguna discoteca de los pueblos vecinos."

A pesar de esta mayor proximidad entre el campo y la ciudad, todavía hay diferencias tan notables como la proporción de estudiantes entre 16 y 19 años. En el medio rural es justo la mitad que en el resto de España.

Esta es una de las razones por las que muchos jóvenes no entienden el eslogan publicitario "¡qué grande es ser joven!".

—**Pilar Díez y José Manuel Huesa**
(*Cambio 16*, España)

---

13. tercer año de estudios   14. Coalición Democrática Social   15. en un futuro inmediato   16. de Andalucía, región del sur de España   17. una persona que trabaja de día en día, sin trabajo permanente   18. para agravar las cosas

"La juventud acepta los valores conservadores"

Los jóvenes conceden más importancia al dinero que a la cultura, asocian la fortuna y el poder con deshonestidad. Creen que la sociedad será aún más injusta en el futuro, pero están dispuestos a resignarse.

Para ser rico en España hay que ser deshonesto: es por métodos deshonestos como se han conseguido casi todas las grandes fortunas. La mayoría de los ciudadanos están dispuestos a enriquecerse aunque para ello sea preciso sobornar funcionarios, defraudar a Hacienda[1] o llevar a cabo tráfico de influencias. Hoy en día es más importante tener dinero que ser inteligente. Aquí, para tener poder hay que ser político; para tener dinero hay que ser empresario; y para tener prestigio hay que ser juez. Si quieres tener poder, dinero o prestigio, no se te ocurra ser profesor, sindicalista[2] ni policía.

¿Acaso es así la España de los 90? Los jóvenes creen que sí, según lo revela una encuesta realizada por el Instituto DYM para CAMBIO16. Y creen, además, que en el año 2000 la sociedad será aún más injusta, alimentará mayores desigualdades y se caracterizará por una despiadada competitividad entre sus miembros.

A pesar de vivir en una sociedad corrupta, los jóvenes de hoy aún creen en el valor de la amistad.

1. oficina de impuestos   2. un miembro de un sindicato (una organización de trabajadores que se organizan para mejorar sus condiciones de trabajo)

Y ahora, la sorpresa: estos mismos chicos que tan mala idea se han formado de la sociedad actual, no parecen muy dispuestos a luchar para cambiarla. Por el contrario, a lo largo del estudio se revelan como fieles discípulos de tan dudosos valores y se muestran dispuestos a jugar dentro de estas reglas.

Sus paradigmas son justamente las figuras cumbres de la empresa y la política, aunque el ejercicio político les atrae muy poco. Le tienen más miedo a la pobreza que a montar en avión o ser víctima de un robo. Los crímenes pasionales les producen mayor rechazo que los delitos económicos. Y aunque declaran que prefieren ser inteligentes que ricos, confiesan que proporciona mayor influencia y prestigio la riqueza que la inteligencia.

Las conclusiones de ésta y otras encuestas, que arrojan resultados parecidos, han producido un escalofrío general entre educadores y sociólogos.

El valor que podríamos llamar *ética económica* está a la baja, dice Juan de Isasa, ex director del colegio del Pilar. "Quieren ser ricos de forma rápida; ciertos valores como esfuerzo, constancia, etcétera, están en baja; no interesa trabajar para ir ganando poco a poco, sino ganar mucho y pronto".

En casa con los padres. Ya desde 1988 algunas investigaciones revelaban la aparición de una tendencia conservadora y conformista entre los jóvenes. Se detectaban signos de cambio en las relaciones familiares, como la reducción de tensiones entre padres e hijos. El Ministerio de Asuntos Sociales cuya titular es Matilde Fernández, indicó el año pasado que de 9.500.000 jóvenes que tienen entre 15 y 29 años el 74 por ciento vive con sus padres, cifra que era mucho más baja unos años atrás.

Hay razones materiales y sentimentales que les aconsejan permanecer en casa. Abandonar el cómodo y tibio techo paterno para vivir en un estudio diminuto con dos o tres amigos, como se hacía en los años 60, castiga el bolsillo y el bienestar; y los chicos de hoy, más realistas que los de antes, no parecen muy dispuestos a hacer sacrificios de esta clase.

Lo mismo sucede en su relación con la sociedad, esa sociedad en que, según ellos, casi toda riqueza es deshonesta y en la que el dinero es más importante que la inteligencia. Discrepan de ella, pero están dispuestos a aceptar sus reglamentos e integrarse.

Actitudes antisociales. La ética de los chicos ante los asuntos públicos y privados ha variado a tono con su nueva actitud. Puestos a considerar el grado de justificación de una serie de situaciones inmorales, entre 1984 y 1989 aumentó en los informes de la Fundación Santa María la intole-

PRÁCTICAS DESHONESTAS

¿Qué medios poco ortodoxos usaría la gente para hacerse rico?

Llevar a cabo tráfico de influencias	44,9%
Defraudar dinero a Hacienda	22,0%
Utilizar información privilegiada	17,4%
Sobornar a un funcionario	9,2%
Traicionar el secreto de un amigo	2,7%

rancia hacia la droga, el aborto, el divorcio y la infidelidad matrimonial. En cambio, se muestran más tolerantes en otros aspectos: sobornos, comprar objetos robados, mentir en provecho propio, engañar en los impuestos, coger un coche desconocido y no informar sobre daños cometidos a un coche ajeno.

El profesor de la Universidad de Zaragoza Pedro González Blasco interpreta estos datos como efecto de "una relajación de la *ética económica* en una sociedad donde tener dinero por el medio que sea y figurar y lograr éxito se da como pauta generalizada". Según el profesor González Blasco, este clima imperante ha podido influir en la mayor aceptación de "actividades un tanto antisociales".

No era así hace cuatro años. Ni hace 20. No eran así sus padres, aquellos que construyeron la transición de una España dictatorial hacia una España democrática y abierta, aquellos que levantaron de manera triunfal la bandera del Partido Socialista.

Pero, al mismo tiempo, ¿no han sido sus padres, los socialistas, quienes crearon una sociedad capitalista donde, según el antropólogo Julio Caro Baroja, "hay culto por el dinero y admiración por la banca"?

"Los chicos tienen un mal concepto de la actual sociedad, pero al mismo tiempo no creen que la puedan cambiar", señala Mayor Oreja. Esta tendencia también se refleja en la decadencia del radicalismo. En 1982, el 60 por ciento de los jóvenes de extrema izquierda prefería la revolución antes que las reformas. En 1989, los revolucionarios eran apenas el 24 por ciento de los extremo-izquierdistas y los reformistas eran ya el 55 por ciento.

El rechazo a los extremismos y la violencia, la resignación, el amor al dinero y la laxitud frente a los medios para lograrlo son algunos de los valores que descubren los estudios de opinión realizados entre los jóvenes españoles de los 90. Además, los chicos de hoy también muestran alto aprecio por la libertad (hace unos años prevalecía el aprecio por la igualdad), conceden alta valoración a la amistad, el amor y la igualdad racial. Hay en ellos creciente rechazo a la droga, las corridas de toros, el cigarrillo y el alcohol; comprensión hacia los enfermos de sida y deseos de fomentar la solidaridad internacional.

Uno de los valores que más alto se cotiza[3] en la sociedad española de los años 90 es la juventud esplendorosa pudiente[4]: la publicidad ha hecho de ella un mito y la prensa del corazón le rinde tributo semanal. Pero también esta idolatría tiene sus críticos. "Ahora el valor fundamental es ser joven —dice Caro Baroja—; pero es una admiración un poco ridícula, porque el ser joven y tener dinero es muy agradable, pero el que los demás debamos de manifestarle nuestra veneración, resulta ininteligible".

O, parodiando a Oscar Wilde, "el principal problema de la juventud es que sigue estando en poder de los jóvenes". De estos jóvenes.

—Daniel Samper Pizano
(*Cambio 16,* España)

---

3. valorar   4. económicamente cómodo

COMPROBANDO LA LECTURA

"TELE Y COPAS..."

1. En sus propias palabras defina las siguientes relaciones: con novio, con pareja, sin relación, con prenovio, con ligue. ¿Puede Ud. elaborar un esquema para organizar estas relaciones, por ejemplo, de la más seria a la menos seria?

2. ¿Se puede considerar a Jaime Esquerdo un chico romántico? Explique por qué sí o por qué no.

3. Busque en este artículo tres razones que explican por qué algunos jóvenes españoles siguen viviendo con los padres.

4. ¿Cuáles son algunas de las preocupaciones para el futuro que citan estos jóvenes?

5. ¿Cómo se nota la persistencia del machismo en la cultura española? ¿Son las afirmaciones de Isabel Lázaro prueba suficiente para generalizar que la sociedad española es machista?

"LA JUVENTUD ACEPTA..."

1. ¿A qué conclusiones conduce este artículo acerca de los jóvenes españoles? ¿Se compaginan éstas con las del artículo anterior o están en oposición?

2. Enumere cinco valores y aspiraciones de los jóvenes encuestados.

3. El artículo anterior, "Tele y copas...", presenta la experiencia de jóvenes concretos, mientras que este artículo generaliza sobre la experiencia juvenil. ¿Coinciden los valores expuestos de forma abstracta en el segundo artículo con la imagen de los jóvenes de carne y hueso del artículo anterior?

4. Ofrezca cinco adjetivos para caracterizar las tendencias de los jóvenes españoles. ¿Reflejan los adjetivos que Ud. ha escogido una reacción positiva, negativa o neutra?

5. ¿Cómo influye la sociedad en la formación de los valores de la juventud española actual? ¿Es la influencia social más importante que la familiar?

TEMAS PARA CONVERSAR

1. IMAGÍNESE: MESA REDONDA SOBRE LA JUVENTUD. La
clase simulará un programa televisivo de actualidades en el que el tema que
se discute es el de la juventud de hoy. Para esto, los estudiantes de la clase
se dividirán en dos grupos:

Grupo A. Algunos estudiantes asumirán la identidad de entrevistadores, a
quienes les interesa el tema de la juventud. Este grupo preparará por escrito
unas 10 preguntas a dirigirles a los del grupo B.

Grupo B. Cada uno de los estudiantes de este grupo asumirá la identidad de
una de las siguientes figuras de los artículos: José Antonio, Rosa María,
Miguel Ángel, Ignacio, Carmen, Cayetano, Esther, Silvia, Jaime, Isabel y
Mercedes. Mientras los del primer grupo preparan sus preguntas, cada "personalidad" desarrollará y matizará las inquietudes que había expresado en
los artículos. Esto se puede hacer mentalmente o por escrito. Después de
preparar este material, se formará una mesa redonda en que se intercambian
preguntas del primer grupo y las respuestas y comentarios individuales del
segundo grupo.

2. IMAGÍNESE: LA MUJER EMPRENDEDORA. Divídanse en pare-
jas para simular un diálogo en el que Ignacio se enfrenta verbalmente con
una de las mujeres emprendedoras mencionadas en el artículo: Silvia,
Mercedes, Isabel o Esther. Cada grupo se reunirá primero para preparar el
diálogo —sea en clase o en casa— y luego representará el diálogo en clase.

3. IMAGÍNESE: LA MUJER POLÍTICAMENTE COMPROMETIDA.
En parejas desarrollen y representen un diálogo entre Silvia, una mujer a
quien le encanta discutir de la política, y Jaime, un estudiante que no toma
ningún partido. Discutan sus ideas sobre el valor de tomar partido en la
política.

4. LAS CARRERAS Y LA BRECHA GENERACIONAL. El padre de
Silvia García se opuso a que su hija eligiera una carrera en el teatro por con-
siderarlo un trabajo sucio. ¿Qué tipo de reacción tendría un padre norteamericano ante este asunto? Discuta cuáles son las carreras u oficios aceptables
y no aceptables en la comunidad donde Ud. vive. ¿Cuáles tienen más o
menos prestigio? ¿Por qué y para quién?

5. ¿VIVIR SOLOS O EN CASA? ¿Sigue Ud. viviendo en casa con sus padres? ¿Por qué sí o por qué no? ¿El hecho de que más jóvenes vivan en casa refleja mayor entendimiento entre jóvenes y adultos en esta generación o refleja más bien una simple necesidad económica?

6. COMPARAR GENERACIONES. Haga una lista de los aspectos de la ideología de los jóvenes españoles con que se identifica Ud. Preste particular atención a los rasgos descritos en la última parte del artículo "La juventud acepta los valores conservadores" para discutir con sus compañeros las semejanzas y los contrastes entre Uds. y los españoles y también para determinar los valores que Uds. tienen en común entre sí.

7. ICONOS PERSONALES Y CULTURALES. En grupos de tres o cuatro hagan una lista de:

a. las cinco personas más admiradas por Uds. en la política y en el mundo de los negocios, y

b. sus cinco ídolos en la cultura y/o en los deportes.

Después comparen su lista con las de los otros grupos y discutan las implicaciones de estas selecciones.

8. ESCRÚPULOS. Hay situaciones en la vida en que uno tiene que tomar una decisión ética pero en que la tentación de actuar de forma inescrupulosa es fuerte. A continuación encontrará una serie de situaciones difíciles. Con un/a compañero/a de clase elija una de las situaciones. Cada pareja debe preparar un "minidrama" que consista en un debate interior para representar ante la clase. Uno tomará la postura de la parte de la personalidad que quiere actuar de forma ética y el otro tomará la postura egoísta.

LAS SITUACIONES

a. Al estacionar su coche Ud. choca contra otro coche aparcado en la acera. ¿Dejaría de informar al dueño del otro coche de los daños?

b. Ud. tiene una entrevista de trabajo muy importante. Para obtener este empleo se necesita tener una experiencia que Ud. no tiene. ¿Miente en beneficio propio?

c. Hace tiempo que Ud. desea comprar un ordenador de último modelo pero francamente no se puede permitir el lujo. Por casualidad un conocido le ofrece uno robado a un precio muy módico. ¿Lo compra?

d. Ud. ve a su padre besando en el parque a una mujer que no es su esposa. ¿Se lo cuenta Ud. a su madre?

e. Ud. tiene unos amigos que trafican en drogas. ¿Ud. los denuncia a la policía?

f. Aunque Ud. no es millonario y no tiene grandes ingresos resulta que este año le toca pagar una gran cantidad de dinero a Hacienda. ¿Alteraría la verdad en la declaración de renta, señalando más gastos médicos y profesionales de los que ha tenido, para evitar una deuda considerable?

9. ENCUESTA.   En una escala de 1 a 10 (siendo 1 el más bajo y 10 el más alto) indique el valor personal que Ud. pone a los siguientes asuntos:

a.   el activismo político

b.   el trabajo

c.   el ocio

d.   el amor

e.   la libertad

f.   la seguridad

g.   la justicia social

h.   la amistad

i.   la familia

j.   la honestidad

k.   la igualdad racial

Comparen los resultados entre los miembros de la clase para interpretarlos, y después comparen esos resultados con los datos de las encuestas de los jóvenes españoles para hacer observaciones sobre las distintas culturas.

10. LA JUVENTUD COMO MITO: REACCIONES PERSONALES.
La sociedad ha hecho de la juventud un mito; a través de la prensa y los medios de comunicación se glorifica o se desprecia la juventud. ¿Cómo se siente Ud. al saberse objeto de investigación o el sujeto de una encuesta? ¿Esta atención les da o les resta poder a Uds.?

Temas para escribir

1. Mirada futurística. Imagínese que Ud. es un arqueólogo del año 2500 y que ha descubierto las gráficas de estos artículos. Escriba un artículo —¡en su computadora, naturalmente!— para mandar a sus colegas en el que Ud. intenta describir la sociedad joven española de fines del segundo milenio.

2. ¡Viva el materialismo! Escriba un artículo elogiando el materialismo. Puede escribirlo para su propio periódico estudiantil o para una publicación adulta más conservadora.

3. ¡Abajo el materialismo! Desarrolle una crítica del materialismo para una de las siguientes publicaciones: un folleto religioso, una revista de ética, o como editorial para su periódico estudiantil.

4. ¿La juventud para los jóvenes? En un ensayo defienda o refute la afirmación de Oscar Wilde de que "el principal problema de la juventud es que sigue estando en poder de los jóvenes".

FACETA 2

La problemática de los jóvenes del Perú

¿Tiene sentido hablar en términos generales de "la juventud"? El siguiente artículo de una publicación peruana nos indica que las inquietudes de los jóvenes del Perú, un país en pleno y difícil proceso de desarrollo económico, parecen bastante diferentes de las de los jóvenes de España, un país ya en pleno desarrollo económico. Es más, este artículo pone en tela de juicio la posibilidad de hablar de "la juventud" como grupo incluso dentro de un solo país.

Aunque el Perú tiene una tradición democrática hay quienes afirman que el gobierno no se preocupa bastante de los problemas de grupos marginados como los indios e incluso los jóvenes. Un resultado de este desacuerdo con el proceso político "legítimo" ha sido el crecimiento del grupo revolucionario marxista Sendero Luminoso. El presente artículo expone las razones de la creciente popularidad de este movimiento entre los jóvenes peruanos.

Antes de leer

1. JUEGO DE PALABRAS. Antes de leer el artículo que sigue, y tomando en cuenta el hecho de que Sendero Luminoso es un grupo revolucionario que utiliza medios terroristas para alcanzar sus fines (Ud. aprenderá más sobre este grupo en este artículo y en el capítulo "Manifestaciones del Poder"), ¿cómo explicaría Ud. el juego de palabras implícito en el título "El no tan luminoso sendero de la juventud"?

2. JÓVENES DE AQUÍ Y DE ALLÁ. Antes de leer discutan hasta qué punto estas situaciones son válidas para los jóvenes norteamericanos en general o para algunos grupos en concreto. Al leer el artículo, tenga presente estos puntos con el propósito de buscar semejanzas y diferencias entre la experiencia de ser joven en el Perú y en los Estados Unidos:

    a. Algunos jóvenes, al ver sus expectativas para el futuro frustradas, se vuelven autodestructivos.

    b. Las posibilidades de ingresar en la universidad son muy limitadas.

    c. La sociedad siente cierto resentimiento hacia los universitarios.

    d. Difieren mucho las oportunidades educativas para los ricos y para los pobres.

    e. La falta de oportunidades laborales satisfactorias resulta en la agresividad por parte de los jóvenes.

    f. Hay universidades que ofrecen mayor probabilidad para el éxito profesional que otras.

    g. Los que son de regiones rurales y estudian en las universidades de los centros urbanos no se sienten del todo cómodos ni en el campo ni en la ciudad.

    h. La sociedad rechaza o menosprecia a los que no hacen estudios superiores.

    i. Hay grupos políticos que atraen a los que no han realizado sus metas y que no tienen amplios horizontes para el porvenir.

3. LA JUVENTUD IDEAL. ¿Qué características asocia Ud. con la juventud? ¿Cómo sería una juventud ideal?

Vocabulario útil

Del mundo de la educación

el carné   la tarjeta de identidad

un egresado   un graduado

inscribirse = matricularse   ingresar en un curso de estudios

Palabras relacionadas con el trabajo, las finanzas o la economía

una carga   una obligación pesada

escaso   poco; limitado *(sustantivo relacionado:* **la escasez** – **la limitación)**

> *Los recursos económicos de muchos estudiantes peruanos son* **escasos;** *sufren de una* **escasez** *de fondos.*

un obrero   un trabajador de trabajo manual

postular a un empleo   presentarse como candidato para un empleo

un vago   un perezoso

Otras palabras y expresiones útiles

aferrarse a algo   atarse a algo; agarrarse a algo

> *Los jóvenes que caen víctimas de las drogas suelen* **aferrarse** *a ellas.*

un desgano   una falta de ganas; una apatía a algo

una encrucijada   un cruce de caminos; una intersección (se usa literal o metafóricamente)

> *Muchos de los jóvenes peruanos de este artículo se enfrentan a la* **encrucijada** *de decidir su futuro.*

ser hijo de familia   ser hijo de familia acomodada; ser "señorito"

otorgar   conceder

> *El ser estudiante en el Perú no* **otorga** *estatus a muchos jóvenes; al contrario, les resta prestigio.*

postergar   posponer

un rasgo   una característica física o de personalidad

un reto   un desafío

vinculado a algo   unido a algo; conectado a algo   *(verbo:* **vincular)**

"Ser joven en el Perú: El no tan luminoso sendero de la juventud"

Las investigaciones de un demógrafo, Giovanni Bonfiglio, y la de un periodista, Raúl González, concurren en este informe para ofrecernos una imagen de ese problema de problemas que es el de la juventud en nuestro país.

I

Manuel Hernández Gómez es el nombre de un joven que acaba de cumplir los dieciocho años y que puede mostrar con orgullo una flamante y nuevecita libreta electoral que le acaba de ser entregada por el Jurado Nacional de Elecciones, y que lo acredita como ciudadano con todos los derechos y obligaciones del caso.

"Manolo", como lo llaman en casa, vive en La Pascana, unos kilómetros "más arriba" de Comas, y culminó sus estudios secundarios en un colegio nacional a la edad de dieciséis años, ocupando nada menos que el tercer puesto de la clase. "Eres fijo para la universidad", le repetían sus profesores y también sus compañeros, quienes no podían disimular una

cierta envidia hacia el amigo "chancón" y tranquilo que tenía su futuro casi asegurado.

Hasta que terminó el colegio y llegó el día de los exámenes "Manolo" no alcanzó ni una de las vacantes que la universidad ofrecía. Sus padres, sus seis hermanos, familiares y amigos no podían entender las razones del fracaso de la "joven promesa" de la casa y del barrio.

Sus padres entendieron lo difícil que era el ingreso a una universidad, comprendieron los problemas existentes y le comunicaron que le darían todo el apoyo del caso para que volviera a intentarlo y que para ello lo ayudarían a matricularse en una academia de preparación preuniversitaria. Así lo hizo. El ciclo duró nueve meses y le demandó a la familia un desembolso económico nada despreciable[1]. Su rendimiento en la academia fue considerado como muy bueno.

Al año siguiente volvió a inscribirse, esta vez en dos universidades ("en una de ellas debía ligar"). El resultado, no obstante, fue el mismo y tuvo que volver a leer en las listas de ambas universidades la liquidadora sentencia: "NO INGRESÓ". En esta oportunidad, sin embargo, los reproches reemplazaron a la comprensión del año anterior. Y los argumentos no fueron otros que los que suelen emplearse en estos casos: "la culpa es tuya; tus amigos te están llevando al fracaso y a la autodestrucción; ellos sólo buscan divertirse contigo y aprovechar el poco de dinero que con tanto esfuerzo te ganas".

Desde ese día todo comenzó a cambiar para "Manolo". No sólo porque las necesidades económicas aumentaron en casa y sus padres comenzaron primero a sugerirle, y luego a decírselo directamente, que si no podía entrar a la universidad tendría que comenzar a buscar un empleo, pues ellos no iban a mantener a un vago. Nuestro personaje comenzó a sentirse

---

¿VENGANZA?

¿Por qué un joven de diecisiete años puede decidir empuñar las armas y embarcarse en la aventura senderista? Uno de ellos, actualmente bajo la jurisdicción de un juez de menores, lo explica de la siguiente manera:

—A mi padre lo mataron los militares en Huancavelica. Mis dos hermanos han sido declarados como desaparecidos. Fue así como me vinculé al comité de Familiares de Desaparecidos. Un día uno de los que tenía más influencia en el grupo me dijo que quería conversar conmigo. "Tus hermanos están muertos" —me dijo—, "igual que tu padre. A tí te toca vengarlos, porque a nadie se le puede quitar la vida porque a un militar se le da la gana". Le dije que estaba de acuerdo. Me puso, algunos días después, en contacto con otro miembro del partido. Éste me explicó cómo se manejaba un arma y luego de una breve explicación acerca de las razones por las cuales luchaban me preguntó si estaba dispuesto a realizar acciones para vengar a mis hermanos y a mi padre. Mi respuesta fue que sí. Me dijo entonces que esperara que se me designara a participar en acciones que no tenían otro fin que vengar todas esas muertes injustas. Tuve que esperar varios meses, hasta que un día me citaron en la cuadra 29 de la avenida Arequipa: "un Toyota rojo te recogerá", me dijo. Yo estuve puntual en la cita, y el carro rojo también lo fue. En su interior había personas a las cuales yo no conocía. Ellos me explicaron de qué se trataba y a quién había que matar. Lo que nunca imaginé fue que el que debía disparar el tiro decisivo era yo. Así comenzó todo, pero ahí mismo terminó, pues me agarró la policía a unas cuadras más arriba... Y aquí estoy. Yo no sé bien lo que es Sendero; sólo sé que mi padre y mis hermanos fueron asesinados por los militares y que yo tenía la oportunidad de vengar sus muertes... Mi abogado me ha dicho que cuando cumpla los dieciocho años quedaré libre. Sólo falta un año...

---

1. un gasto bastante grande

como una pesada carga familiar, pese a su buena voluntad y a que una y otra vez salió en busca de un empleo. El resultado fue siempre el mismo: "¿Sólo con secundaria completa? Muy difícil..."; "No hay vacantes"; "¿Quién lo recomienda"?; "¿Tienes experiencia?". En fin, preguntas nunca faltaron.

Manuel comenzó entonces, ahora sí, a frecuentar a sus amigos; sufrió los estragos de sus primeras borracheras; se enamoró una y otra vez; no había fiesta del grupo a la que no asistiera, hasta que llegó el día en que, para su sorpresa, una de ellas terminó en una orgía con todas las de la ley[2], en la que no faltó, por cierto, el consumo de la famosa PBC (pasta básica de cocaína), la cual, hasta ese día, era para Manuel algo totalmente desconocido. Inicialmente, sostiene, tuvo temor en aceptarla; sin embargo, la presión del grupo pudo más y no tuvo más remedio que fumarla. No le sintió gusto alguno; por el contrario, le provocó náuseas e incluso no pudo evitar vomitar todo lo que había comido.

—Así fue como comenzó todo —relata—. Después vino otra fiesta y otra vez fumamos. En esta oportunidad no me dio náuseas ni vomité. Pasaron los días y mi consumo fue en aumento. He llegado a fumar al día hasta 58 cigarros cargados, sin probar alimentos. Pero durante todo ese tiempo he visto ¡cuántos casos! Chiquillos que se dejaban violar por un par de "ketes"; chicas que se prostituían con quien les ofreciera una noche de copas y de pasta...

Manuel Hernández tuvo pronto problemas pulmonares debido a su mala alimentación y a su débil constitución física. El diagnóstico médico no tardó en descubrir la causa: el exceso de consumo de PBC. En la actualidad, se encuentra con tratamiento ambulatorio y ha decidido volver a estudiar e intentar nuevamente ingresar a una universidad ...sin embargo, en sus momentos de depresión o meditación se pregunta: ¿y para qué?, ¿para terminar de vendedor ambulante como mi padre?

II

Juan Carlos Chávez es un joven universitario de diecinueve años de edad que estudia derecho en una de las tantas universidades particulares que existen en Lima y a la que se considera como de "segunda categoría". Teóricamente, ha logrado la meta que todos los jóvenes de su edad desearían y que por distintas razones no llegaron a alcanzar.

Juan Carlos no debería tener problemas. Su situación económica corresponde a la de una familia de clase media, y sus padres se sienten orgullosos de que su primogénito pueda continuar estudiando; repiten hasta el cansancio que el sacrificio que hicieron no fue en vano. El joven, además, se las ingenia y nunca le falta un "cachuelo" que le permite tener unos devaluados intis[3] en el bolsillo con los que puede cubrir sus distintas necesidades sin

---

2. como es debido; siguiendo las normas   3. unidad monetaria peruana

tener que estar pidiéndole a su padre que le facilite recursos económicos.

No debería tener problemas; sin embargo, los tiene. En primer lugar, presenta rasgos físicos de hombre andino[4], pues sus padres proceden de esos lares[5]; pero además porque el principal documento de identidad con el que cuenta no es otro que su carné universitario. Y por una u otra razón es siempre detenido por la policía, y en más de una oportunidad ha tenido que pasar la noche en una comisaría. La razón: la policía sospecha de toda persona que tenga apariencia provinciana, mucho más si ésta es joven, y peor aún si posee el estatus de universitario. Así de simple.

Juan Carlos Chávez sostiene:

—Y mi caso no es único: Son muchos los universitarios que han sido detenidos por el simple hecho de serlo...

Juan Antonio Díaz, otro universitario, explica un problema que también deben enfrentar:

—En los microbuses a nosotros nos tratan peor que al resto de pasajeros, porque pagamos menos. Con frecuencia nos llaman "terrucos", "mantenidos", "vagos", "huelguistas", etc.

Postular a un empleo, aunque sea de obrero, también es difícil, sobre todo si uno dice que es universitario. Ni siquiera como practicantes[6] nos quieren tomar en cuenta.

Pero no sólo los universitarios sufren estos problemas. Peor la pasan quienes no ingresaron y decidieron prepararse en una academia más o menos popular, pues como la policía sabe que "Sendero Luminoso" le ha puesto la puntería a estos centros de estudios, detiene a todo aquel que se encuentre matriculado en una de ellas, en la suposición de que si no es culpable por lo menos podrá obtener del detenido los nombres de los compañeros que él sospeche puedan estar embarcados o muestren sus simpatías por el senderismo.

Y ni hablar de quienes no tienen la suerte de tener un empleo ni de ser un hijo de familia.

III

¿Pero todos los jóvenes sufren los problemas que se sintetizan bastante bien en los casos citados?

La respuesta es una sola: no. Romeo Grompone, un investigador social que desde hace poco más de dos años viene estudiando a la juventud y sus problemas, sostiene que para poder entenderlos lo primero que debe desterrarse es la idea o el concepto de "generación", porque afirma:

Lo primero que tenemos que determinar es "quién es joven y cuándo se es joven". La edad es, sin duda, un excelente indicador, pero sólo eso. Y es que en el país existen un conjunto de personas que si bien por su edad podrían considerarse como jóvenes, han dejado de tener los problemas de sus contemporáneos, porque sencillamente ahora tienen otros, ya sea porque se han incorporado al mercado del trabajo o porque han formado familia.

---

4. de los Andes   5. de esos lugares   6. un paraprofesional

Una encuesta realizada por Quehacer en la academia "Trener" —considerada como una de las más exclusivas de la capital y respetada por su indiscutible eficiencia y calidad, y en donde un ciclo de seis meses vale casi sesenta mil intis (pago que debe realizarse al contado)— nos permitió constatar una característica que parece ser común a todos los estudiantes de dicha academia. La casi totalidad de los que se dejaron interrogar manifestaron no trabajar en la actualidad, y la mayoría coincidió con un aspirante a estudiar derecho, que nos dijo: "Nunca he tenido necesidad de trabajar". Otro de los lugares comunes encontrados es la poca preocupación que se tiene en caso de no ingresar. Existen determinantes de clase que influyen, y casi podría afirmarse que son las verdaderas causas de éstos.

Pero quienes los sufren son la mayoría de los jóvenes que, en el caso de Lima, se concentran, por lo general, en los barrios populares, los antiguos y los nuevos.

¿Y cuáles son estos problemas?

—Los que se producen cuando los jóvenes comienzan a tomar conciencia de que necesitan fijarse metas individuales, aspiraciones personales y cuando las toman como un reto individual... Se crean así expectativas sin tener en cuenta que existen un conjunto de límites estructurales que tendrán que enfrentar si quieren alcanzar lo que se han propuesto, porque el sistema se caracteriza por la falta de trabajo, las dificultades para continuar estu-

diando, por ejemplo, en una universidad, por citar sólo algunas de las trabas existentes... los jóvenes, desgraciadamente, no son conscientes de estas limitaciones e intentan avanzar librados a su propia suerte y, en la mayoría de los casos, con sus propios recursos económicos, que suelen ser escasos...

Pero otra variable a tener en cuenta es que la mayor parte de la actual juventud limeña[7] son los hijos de los migrantes de los años cuarenta y sesenta, que consideran, al igual que sus padres, que la educación, el título profesional, constituyen la mejor alternativa para lograr la superación personal, para alcanzar mejores ingresos económicos además del siempre anhelado prestigio social.

La socióloga Imelda Vega Centeno, que entre otros libros ha publicado *Los pobres, los jóvenes y la iglesia* (Lima, 1984), sostiene que uno de los aspectos más relevantes ocurridos en el Perú en las últimas décadas es el siguiente:

—Los servicios educacionales se han extendido masiva pero desigualmente. Ellos han ampliado su cobertura, atendiendo a un número mayor de alumnos, pero descuidando radicalmente los contenidos y la calidad de la educación impartida... No decimos que no sea necesario crear escuelas allí donde no las hay, sino que el incremento de locales escolares debería ir parejo con la mejora y la adecuación de la enseñanza impartida. Lejos de ser la escuela el esperado lugar de la superación

---

7. de Lima, la capital del Perú

total, para el migrante (y ésta es la principal consecuencia) viene a ser el lugar de nuevas formas de diferenciación social y de marginación hiriente...

Para Imelda Vega Centeno, la incapacidad de la sociedad para satisfacer las expectativas que crea la educación tiene una consecuencia que explica en parte la conducta de nuestra juventud:

—El joven presiona masivamente al aparato productivo, a las instituciones y organizaciones, a los partidos políticos. Necesita ser tomado en cuenta; quiere participar activamente e intervenir en las decisiones que le competen... sin embargo, pareciera que siempre toca una puerta equivocada. Ante la no respuesta a sus exigencias, produce mil formas de solucionar la crisis por la que atraviesa: incursiona en campos nuevos, infla la economía informal[8], las academias o institutos de formación intermedia; desarrolla y supervalora la viveza criolla[9], los comportamientos contraculturales, la agresión como reemplazo de la comunicación...

IV

Pero no sólo son las expectativas que la educación despierta las razones que explican la problemática juvenil, sino un conjunto de problemas que suman y agravan los que ya tiene el adolescente, especialmente el que cursa el quinto de secundaria o el recién egresado. Estos son:

—Los jóvenes comprueban que la visión de los mayores es irrelevante e inapropiada ("mis padres no me entienden").

—Al joven le es muy difícil construir su propio plan de vida: ninguna entidad o institución realiza tal tarea...

—Los jóvenes acusan una muy fuerte presión familiar para obtener lo que, según sus padres, depende sólo de su "esfuerzo" individual: ingresar a la universidad; o, de lo contrario, que busquen un empleo...

Las dos opciones que se presentan (ingresar a una universidad o comenzar a trabajar), según sostiene Romeo Grompone, cuentan además, con positivos juicios de valor en el medio ambiente que rodea a jóvenes que se enfrentan a la encrucijada de decidir su futuro, pues ha llegado el momento de tomar una decisión y se sienten puestos a prueba y temen equivocarse y fallar... La incertidumbre gana, así, terreno...

Quienes apuestan por la universidad y logran vencer la barrera del examen de admisión, deberán, de otro lado, enfrentar otro tipo de problemas:

—El ambiente al que se incorporan les es absolutamente desconocido, y en los casos de jóvenes de extracción popular, éste les será por lo general hostil, sobre todo si ingresan a una universidad particular...

—Si bien el sistema universitario permite en la actualidad el ingreso de nuevos sectores sociales, al mismo tiempo se torna profundamente discriminador, razón por la cual los títulos profesionales que garantizan las mejores oportunidades de

---

8. la economía subterránea   9. astucia nativa

empleo —si no las únicas— y otorgan estatus, los expiden unas cuantas universidades privadas —no todas—, consideradas además como exclusivas, pues sus costos se encuentran sólo al alcance de los sectores más pudientes...

—Quienes logran estudiar en una universidad tienen, además, otro tipo de presión: terminar sus estudios y alcanzar el éxito y, por lo general, se sienten temerosos de no poder alcanzarlo. Las exigencias académicas, de otro lado, no les permiten buscar un empleo. En sus barrios respectivos serán vistos como seres "extraños" que no pueden ya participar de la aventura del antiguo grupo de referencia. Se alimenta, así, una crisis de identidad tanto para el que ingresa como para el no lo logra.

Esta crisis de identidad se acentúa por lo regular cuando se necesita obtener un empleo, no sólo porque es difícil encontrarlo, sino porque no estará de acuerdo al esfuerzo realizado: de la totalidad de jóvenes empleados, unas dos terceras partes están en actividades de servicios (comercio o restaurantes, hoteles, etc.), y la tercera parte restante contratados como obreros, y además eventuales. En esta condición de trabajadores, se les hará conocer de cerca la humillación porque el "maestro" de la obra apelará a las ventajas que otorga lo "empírico" frente a lo teórico; y se les subordinará de tal forma que lo único que se logra es la formación de una brecha entre empleadores y empleados que se pone de manifiesto en el desgano y el menor rendimiento de los jóvenes obreros;

además, en muchos casos, en la disminución de las propias expectativas.

Muy pronto estos jóvenes comprenden que ni el ingreso a la universidad ni el empleo posible son soluciones, y entonces es cuando adoptan distintas posiciones frente a la vida: desde la indiferencia total y el apoliticismo hasta la adopción de posiciones políticas radicales.

V

Y, ¿qué sucede con los que no logran ingresar a una universidad o no pueden lograr un empleo?

Esos serán, sin duda, los que la sociedad —familia incluida— considerará poco menos que como a unos "parásitos sociales": y así los tratará. Y ellos —cuando buscan un medio donde refugiarse— sólo encontrarán aceptación en sus respectivas "colleras" o amigos del barrio que lo incorporarán sin mayores reservas y sin solicitarle requisito alguno.

No será fácil la vida que lleven. Lo más frecuente es que sus familiares les retiren su confianza y con ello el apoyo moral y económico que antes les brindaban. Son los que casi con seguridad terminarán integrando una banda delincuencial, se encuentre ésta dedicada al narcotráfico o al delito común y corriente. Son los que terminarán prostituyéndose, cualquiera sea su sexo, o los que se dedicarán a la venta al "menudeo" de PBC: los llamados paqueteros, cuando no terminan víctimas del uso excesivo de dicha droga, a la cual suelen aferrarse como una especie de mecanismo de defensa.

VI

En 1988 postularon a las distintas universidades del país 331.330 jóvenes. Ingresaron 70.429. El problema que nadie se atreve a encarar es el siguiente: ¿qué destino les espera a los 260.901 que no alcanzaron a ingresar?

A los tres días de publicados los resultados de los exámenes de admisión de la Universidad de San Marcos, El Diario —vocero ya oficial del senderismo— publicó un aviso que contenía una convocatoria a todos los que no habían ingresado y los invitaba a formar comités de lucha para solicitar una "ampliación de vacantes". ¿Cuántos frustrados asistieron a la reunión? No pocos; muchos más de los que seguramente esperaron los convocantes; se calcula que unos mil quinientos. ¿Lograrán que las autoridades de la desatendida universidad amplíen el número de ingresantes? No. Sin embargo, ¿cuántos jóvenes habrá logrado ganar Sendero Luminoso?

No le falta razón a Imelda Vega Centeno cuando se pregunta en su trabajo *Ser joven y mestizo*, cómo extrañarse, en medio de esta realidad, que la propuesta de Sendero pueda alcanzar cierto "éxito" si "ante este panorama de crisis del mito del progreso, del blanqueamiento imposible, de la desaparición o pérdida de eficacia de las instituciones cohesionadoras del idealismo de los jóvenes", ellos son los únicos que les prestan atención, así sea para utilizarlos y asignarles las tareas más cruentas como, por ejemplo, ser el que dé el tiro de gracia[10] al sentenciado de turno.

Y es que, aunque nos cueste aceptarlo, en el Perú se está formando toda una generación —y aquí sí resulta pertinente la utilización del término— cuyo proceso de socialización se da en momentos en que el país afronta dos graves problemas que comienzan a ser más duraderos de lo que creen muchos políticos.

Las clases políticas del país deben, por ello, aceptar este otro gran reto de los tantos que el país les plantea: asumir prioritariamente el problema de la juventud, que es, en el fondo, el verdadero problema del país.

—**Raúl González**
(*Quehacer,* Perú)

---

10. el disparo de ejecución que mata

Comprobando la lectura

1. ¿Detecta Ud. algunas ironías en la historia de Manolo? ¿Cuáles son?

2. ¿Cómo y por qué se sienten algunos jóvenes peruanos ciudadanos de segunda categoría?

3. Compare y contraste los problemas de los universitarios y de los no universitarios.

4. ¿De qué forma varían los problemas de los jóvenes a partir de su condición de clase?

5. ¿Qué papel ha hecho la educación en el problema de los jóvenes peruanos?

6. ¿Cuál es el atractivo que ofrece Sendero Luminoso?

7. Invente un titular adecuado para cada una de las seis secciones mayores de este artículo.

Temas para conversar

1. ENTREVISTA. En parejas escojan a uno de los jóvenes mencionados en el artículo —Manolo, Juan Carlos, Juan Antonio o algún militante de Sendero Luminoso— y preparen para presentar ante la clase una entrevista radiofónica o televisiva en la que un entrevistador o una entrevistadora indaga para que el joven profundice sobre su situación.

2. "EL QUE ESTUDIA TRIUNFA". ¿Sigue siendo verdad este dicho? ¿Cree Ud. que tiene valor hoy o que es una frase hecha que no corresponde a la realidad de este momento? ¿Conoce Ud. algún caso específico en que este dicho se ha cumplido o no se ha cumplido?

3. IMAGÍNESE: ¿SER O NO SER UNIVERSITARIO? En parejas preparen y presenten ante la clase un diálogo entre un joven que no quiere ir a la universidad porque confía que triunfará por su cuenta y otro que piensa que el éxito se logra sólo a través de un título universitario.

4. IMAGÍNESE: HABLANDO SERIAMENTE DEL FUTURO. En parejas preparen y presenten ante la clase un diálogo en que un padre o una madre mantiene una conversación seria sobre el porvenir y las posibilidades de éxito y de trabajo con un hijo o hija que no ha podido ingresar en la universidad.

5. ¿QUÉ SE DEBE ESPERAR DE UNA EDUCACIÓN? El sistema de educación en el Perú no ha cumplido con las expectativas de sus consumidores. ¿Existe el mismo problema en los EE.UU.? Si existe ¿qué soluciones propondría Ud.? ¿Cuáles deberían ser las expectativas de una educación?

6. SI YO FUERA POLÍTICO... ¿Se podría cambiar el sistema educativo peruano para mejor integrar a la juventud a una sociedad democrática? ¿Cómo? Si Ud. fuera político ¿qué haría?

7. LOS PERUANOS Y LOS ESPAÑOLES. Compare la problemática que plantea este artículo con la de los artículos anteriores sobre los jóvenes españoles. ¿Es la problemática de la clase media y la de la clase obrera o campesina parecida en los dos países? Haga comparaciones y contrastes.

8. A VECES HAY QUE TRABAJAR PARA PODER ESTUDIAR. Determinen cuántos de sus compañeros de clase trabajan durante sus años de estudios y el tipo de trabajo que hacen. Después, en grupos de cuatro, hagan una lista de las ventajas y desventajas de trabajar mientras se estudia y comparen y discutan las respuestas de los varios grupos. ¿Qué podría hacer el gobierno de este país para que más estudiantes pudieran dedicar todo su año escolar a los estudios?

9. EL ACTIVISMO Y LOS ESTUDIOS. Discutan el atractivo del activismo político para los peruanos no pudientes. ¿Es igual el atractivo para el mismo grupo norteamericano? ¿Cuáles son las causas que atraen a los estudiantes al activismo político en este país?

10. ¿ES UD. SIEMPRE SERIO? ¿Cumple Ud. siempre con sus obligaciones puntualmente? Llene la gráfica siguiente para determinar hasta qué punto Ud. es una persona que cumple. Después comparta con otros miembros de la clase las razones por las cuales Ud. posterga o no posterga ciertas actividades.

Obligaciones que siempre cumplo puntualmente	Obligaciones que postergo de vez en cuando	Obligaciones con las que nunca cumplo a tiempo

11. UNA SEGUNDA VISTA. Vuelva a considerar el título de este artículo, como Ud. ya ha hecho en la sección **Antes de leer.** ¿Le parece ahora el título apropiado al contenido del artículo? ¿Podría Ud. sugerir uno mejor?

TEMAS PARA ESCRIBIR

1. INFORME PARA UN NOTICIARIO. Prepare un informe para un noticiario de radio o de televisión sobre uno de los casos descritos en este artículo.

2. LLUVIA DE IDEAS. Haga una lista de por lo menos 8 estrategias que podrían utilizar los jóvenes peruanos para superar los obstáculos que impone el sistema a la realización de sus metas y aspiraciones. Por ejemplo: los jóvenes peruanos podrían elegir la emigración como solución personal a la crisis económica porque ganarían más dinero en otra parte.

3. MONÓLOGO. Escriba un monólogo siguiendo el modelo del artículo "Venganza". Adopte la voz de una de las siguientes figuras para explicar y justificar su vida actual: un militante de Sendero Luminoso, el padre de Manolo, Juan Antonio Díaz, un paquetero.

FACETA 3

La educación

Así como el último artículo trató del atractivo que ejercen grupos revolucionarios como Sendero Luminoso a los jóvenes enajenados peruanos, los próximos artículos abordan el tema desde otra perspectiva —la de cómo falla el mismo sistema educativo, de cómo enajena a los jóvenes y los atrae a un sistema autoritario que predica y perpetúa la violencia. Mientras el primer artículo que sigue (proveniente del Ecuador y escrito por el director del Centro Andino de la Juventud) denuncia un sistema que no responde a los requisitos económicos y sociales de la comunidad, el segundo (peruano y profundamente cristiano en su punto de vista) propone la paz como meta educativa fundamental.

ANTES DE LEER

1. EL SISTEMA EDUCATIVO NORTEAMERICANO. Describa el sistema de educación pública en los Estados Unidos. ¿Qué cualidades y/o habilidades diría Ud. que desarrolla en la persona? ¿Se le ocurren a Ud. algunas ideas acerca de cómo mejorar el sistema de educación norteamericano?

2. ALGUNAS METAS EDUCATIVAS: ¿CÓMO REALIZARLAS? Para cada meta educativa que se encuentra en la gráfica que sigue, apunte algunos cursos apropiados u otras maneras de desarrollar estas capacidades dentro o fuera del sistema educativo:

Metas	Medios de lograrlas
fomentar la creatividad	
desarrollar la capacidad analítica y crítica	
crear ciudadanos cívicamente responsables	
asegurar conocimiento del mundo actual	
asegurar la paz	
mejorar las condiciones del mundo	
facilitar la capacidad de trabajar productivamente	
otras metas	

3. EL SER HUMANO EN SU TOTALIDAD.

En su opinión ¿desarrolla nuestro sistema educativo al ser humano en su totalidad, es decir en toda su dimensión intelectual, espiritual, moral, corporal y social? ¿O excluye la educación algunos de estos aspectos?

4. ANTÓNIMOS DE LA PAZ.

Por lo general el antónimo de **la paz** es **la guerra.** ¿Puede tener la palabra **paz** otros antónimos? ¿Cuáles serían?

5. DESPUÉS DE LA GUERRA FRÍA.

Ahora que se terminó **la guerra fría** ¿existe la paz en el mundo? Explique su respuesta.

6. SOLUCIONES PARA LA VIOLENCIA.

Elija un lugar en el mundo donde actualmente reina la violencia. ¿Cuáles han sido los intentos de restablecer la paz? ¿Qué soluciones concretas sugeriría Ud. para la paz en esa región?

7. LA EDUCACIÓN PÚBLICA Y LA PRIVADA. ¿Qué diferencia hay entre una educación pública y una privada en los EE.UU.?

VOCABULARIO ÚTIL

ACCIONES (VERBOS)

brindar   ofrecer

> *El sistema educativo ecuatoriano no les **brinda** a los estudiantes la posibilidad de desarrollarse de una manera creativa, crítica e innovadora.*

desempeñar un papel   cumplir un papel

desterrar   alejar; mandar al exilio

diseñar (un programa, un sistema, etc.)   crear; establecer (un programa, un sistema, etc.)

ejercer   practicar; llevar a cabo

> *Muchos maestros no **ejercen** una violencia física, sino una violencia moral frente al alumno.*

entablar (una relación)   establecer (una relación)

superar   vencer los obstáculos

tomar conciencia de algo   estar conciente de algo

(vivir) a espaldas de algo   (vivir) sin conciencia de algo, sin dar a algo mucha atención

COSAS Y CONCEPTOS (SUSTANTIVOS)

los apuros   los problemas; las dificultades

la cordura   prudencia; buen juicio *(adjetivo relacionado:* **cuerdo**)

un licenciado   alguien que ha sacado su primer título universitario

la tarea   el trabajo; el quehacer

"La educación formal"

La educación que se imparte en las aulas sirve a nuestros jóvenes para un mejor desempeño[1] en sus vidas cotidianas, porque les permite comprender y entender el sistema socio-económico-político-cultural en el que actúan.

Este beneficio de la educación formal se puede comprobar cuando los individuos desarrollan varios mecanismos que facilitan el ordenamiento de sus vivencias, demandan mayor cantidad de información, manejan mejores estrategias para resolver los problemas de la vida diaria, etc.

Cuando los aspectos antes mencionados confluyen, los individuos superan los niveles de ingenuidad, los déficits de conocimientos y las apariencias de los fenómenos hasta llegar a descubrir el porqué de los hechos que suceden en la naturaleza y la sociedad. Pero, desgraciadamente, esa confluencia se logra en pocos estudiantes debido a la naturaleza de nuestro sistema de educación formal que ha sido calificado una y otra vez como "bancario".

Dicho sistema educativo está diseñado de tal manera que alimenta el individualismo, la competencia personal y el egoísmo. Obliga a los jóvenes a repetir no solamente los contenidos de las materias, sino también los criterios personales del profesor. Reproduce y fortalece los valores autoritarios de la sociedad, porque el profesor siempre tiene la razón. Obstaculiza el desarrollo de las capacidades críticas y autocríticas entre los estudiantes, a cambio de interiorizar los hábitos memorísticos, etc.

Por esto, es aquí donde más claramente se devela uno de los principales papeles que cumple la educación formal, que consiste en reproducir normas, valores, costumbres y conocimientos de una sociedad en un momento determinado. Entonces se explica, pero nunca se puede justificar, por qué en las escuelas y colegios se moldean mentalidades conformistas, dóciles y repetitivas, antes que mentalidades creativas, críticas e innovadoras.

A esta situación se suma el hecho de que la mayoría de los jóvenes se olvidan de los conocimientos, más bien dicho de "la información embutida a la fuerza[2]", cuando ha pasado poco tiempo. O, lo que es más grave

> **La educación formal reproduce normas, valores, costumbres y conocimientos de una sociedad en un momento determinado. Por eso, en el Ecuador moldea mentalidades conformistas, dóciles y repetitivas, en lugar de mentalidades creativas, críticas e innovadoras.**

---

1. la realización, el cumplimiento, la ejecución exitosa de una tarea   2. aprendida por obligación

aún, no les son útiles cuando se integran a un empleo que requiere de algún grado de calificación. Pero, además, cuando lo encuentran, necesitan autocapacitarse, buscan varios libros: los leen pero no los entienden. Entonces descubren, en la mayoría de casos, que ni siquiera les han enseñado a comprender y asimilar la información escrita.

Otro aspecto que debe mencionarse, se refiere al papel que desempeña la educación en la creación de nuevas formas de estratificación y movilidad social. Estas refuerzan, por un lado, los criterios de "llegar a ser alguien en la vida", si es que se es profesional universitario (doctor, ingeniero, arquitecto, licenciado...). En este contexto es preferible no "quedarse como" artesano, agricultor, trabajador de oficio, conserje[3], taxista, etc. Por otro lado, generan muchas frustraciones entre los jóvenes que constatan que a un mayor nivel de instrucción no corresponden necesariamente mayores posibilidades de empleo, sino de "palanqueo". Porque se privilegia a la educación privada, no a la pública, y a la que se imparte en la capital, no a la de provincias.

Entonces, los establecimientos de educación formal son espacios de permanente coacción[4] a la juventud, a la que se mira con desconfianza. Esto a su vez provoca un sentimiento de miedo al profesor, bajos niveles de rendimiento. De ahí que los jóvenes busquen otros espacios para solucionar sus expectativas, sus problemas y sus inquietudes.

Frente a todo este panorama, en el Centro Andino de la Juventud (CAJ) proponemos cambiar las estructuras educativas con el propósito de brindar mayores espacios de auto-realización a los jóvenes. Se debe diseñar un programa de capacitación y actualización permanente para los profesores, se debe instruir para desterrar el maltrato a los estudiantes y desarrollar cursos que se orienten a estrechar las relaciones entre padres, profesores y estudiantes.

Coincidimos con los planteamientos hechos por Monseñor Alberto Luna Tobar, obispo de Cuenca, en el sentido de que no debe encauzarse[5] la educación de la juventud por los márgenes del irrespeto, la duda permanente, el odio y el desconocimiento de lo que sucede en su comunidad. Eso no hace sino mal formar a los individuos, que se alejan paulatinamente de la comunidad y, por tanto, se deshumanizan, se vuelven irrespetuosos de los demás y, en consecuencia, se enfrentan a amplios riesgos de fracaso.

Es necesario diseñar un sistema de educación formal guiado por principios indubitables de libertad, de respeto y de acercamiento a la comunidad, ya que no es posible permitir que sigan surgiendo personas de gelatina, que se acomodan a cualquier molde de plástico, e irrespetuosas de la cultura de los demás.

Finalmente, no quisiéramos ver otro *graffiti* que rece[6] —como aquel de las paredes del colegio Benalcázar—: "si la estupidez es una virtud, ustedes son virtuosos."

—Alexis Guerrero Chaves
(*Cuadernos de Nueva*, Ecuador)

---

3. portero   4. obligación   5. canalizarse   6. diga

"La paz: Un problema educativo"

El Perú de hoy vive en medio de una gran turbación social que nos va mostrando, casi sorpresivamente, la urgencia de un trabajo no hecho: construir la paz. Con un mínimo de sinceridad, cualquiera confiesa rápidamente que ha vivido a espaldas de este problema, hoy día tan urgente entre nosotros. Los problemas relacionados con la paz parecían destinados a otros pueblos, pues nos considerábamos un pueblo tranquilo y sin motivos como para un quiebre de este tipo. Hoy día, ya no es lícito hacer un diagnóstico tan superficial sino que, por el contrario, tenemos que confesar que la paz hace mucho tiempo se ha quebrado en nuestro país.

También vamos entendiendo, poco a poco, que la paz es fruto de la justicia. No es, pues, fruto de uno no hacer violencia, sino que es fruto de una acción determinada. Ésta no es una verdad nueva, pues desde el profeta Isaías es algo que se anuncia realmente como una buena noticia para el obrar del hombre.

En este sentido la problemática de la paz tiene una dirección de solución entre nosotros: la justicia. No es, pues, asunto de discursos, más o menos inteligentes, sino de una justicia humana entre las personas que tienen relaciones entre sí. Pero de una justicia que vaya construyendo al otro en lo que realmente él es, no en lo que yo quiero, por conveniencia a mis propios intereses, que sea él. En este sentido la justicia es también un tema sobre el que tenemos que reflexionar.

NO HEMOS RECIBIDO UNA EDUCACIÓN PARA LA PAZ

Cuando reflexionamos acerca de la educación que hemos recibido constatamos con cierta tristeza que no hemos sido educados para construir la paz. Desde nuestros hogares podemos constatar que el tema ha estado ausente, pues la experiencia ha sido un sometimiento a nuestros padres que, en la mayoría de los casos, han estado alejados de lo que pudiera haber sido una relación de justicia. Vemos muchas veces que en determinados medios, se hace lo que los padres quieren y no lo que debe hacerse. La primera sensación que tiene el niño es que se le manda sin razones realmente profundas, que las cosas hay que hacerlas porque ése es el gusto de los padres.

Habría que añadir también toda la violencia que existe en los hogares peruanos, donde hay maltrato a los menores y entre los propios padres. Cosas que hemos visto,

> **Es indispensable que enfrentemos en todos los niveles el problema educativo frente a la paz, tomando posturas claras que nos ayuden a formar gente con criterios también claros.**

hasta ahora, como un problema menor, como si se tratara de un método adecuado para ayudar al crecimiento del niño a imagen y semejanza[1] de los padres.

El mismo esquema se ha repetido en la escuela, a la que hemos llamado el segundo hogar. El maestro en muchísimos casos repite la misma figura de dictador que el padre de familia y de este modo la violencia se repite en la vida del niño. Muchas veces el maestro no ejerce una violencia física, pero ciertamente que ejerce una violencia moral frente al alumno que, desprovisto de toda defensa, tiene que someterse frente al profesor; pero un día encuentra la forma de rebelarse frente a esa injusticia, con una conducta de la que él ya no es responsable.

No estamos, pues, educados para la paz, sino para la violencia. Y lo peor es que seguimos educando para la violencia. Fácilmente cuando se conversa de educación se llega a ver que se trata de una cierta domesticación, muy semejante a la que hacemos con los animales. Hay que someter cueste lo que cueste a la persona que tenemos frente a nosotros.

En este sentido los medios de comunicación juegan un papel muy importante, pues en vez de mostrarnos educativamente esquemas diferentes no hacen sino apoyar el esquema dominante que ya tenemos todos dentro. Pero aún más, la cosa es más grave, pues nos ponen nuevos modelos de violencia en los que reina el sometimiento, marcados por un falso sentido de la justicia. Nunca tratan de dar una explicación con cierta profundidad del problema humano. Plantean un esquema de sociedad en el que la ley del más fuerte es la que impera.

LA PROBLEMÁTICA DE LA EDUCACIÓN

Es cierto que en materia educativa se han hecho algunos esfuerzos por hacer algo en este aspecto. Negarlo sería una injusticia frente a aquellas personas de buena voluntad que han dedicado mucho tiempo, inteligencia y cordura en este sentido. Hay que darles las gracias por todo ese esfuerzo. Pero, hay que tomarlos en serio. El problema no es de ellos, sino nuestro, No basta haber leído un buen libro u oído una buena conferencia en ese aspecto, ni tampoco haber examinado unos buenos programas. Se trata de hacer efectivos estos planes, esos consejos que nos han dado.

Es cierto que hay planes para hacer una educación por la paz, pero también es cierto que esos planes no se cumplen en la mayoría de los centros educativos de nuestro país, pues, parecen cosas de buena voluntad que se pueden o no cumplir. En la práctica uno se da cuenta que la paz no tiene la misma importancia que la enseñanza de las matemáticas o de las ciencias naturales. Uno

> No podemos esperar que se nos dé la paz sino que tenemos que lograr la paz.

---

1. del mismo molde

puede no hacer una enseñanza de lo que es la verdadera paz, pero no puede dejar de enseñar matemáticas. Da la impresión que ésta fuera un aspecto importante sólo para algunos altruistas que la quieren hacer. Podríamos decir que la enseñanza de la paz, en el verdadero sentido que necesitamos hoy, es sólo cosa tolerada en nuestras escuelas peruanas.

Personalmente pienso que no se le puede echar toda la culpa al Ministerio de Educación, pues sería también una elegante manera de salvar nuestra propia responsabilidad. El problema es de todos los que tenemos alguna relación con la educación, Ministerio incluido. Hay necesidad de una cierta coherencia con la realidad nacional que necesita urgentemente la paz, pues estamos llegando a unos niveles de violencia realmente increíbles y que son destructores de esa misma realidad y de las personas que ella incluye.

Cuando hablamos de la paz, tenemos que tomar conciencia de la importancia que tienen nuestros maestros peruanos. Maestros que muchas veces son de una gran generosidad y que en lugares muy apartados, y sin medios didácticos, dan de lo mejor que tienen ellos mismos. También, es cierto que la responsabilidad de la paz está en manos de personas que durante muchos años han vivido una mar-ginación social y económica, que no les ha permitido el mínimo de posibilidades para una vida con todos los recursos, ni que el planteamiento de su problemática tan angustiosa pudiera tener visos en nuevos rumbos. También, es cierto que hoy día en muchos sectores de nuestra patria, todavía se mira en menos[2] al maestro, como si no fuera tan útil como es el médico, el abogado o el ingeniero. Pero no es menos cierto que en las manos de nuestros maestros peruanos está buena parte de la solución. Queda en manos, también, de aquellos que tienen la posibilidad de dignificar cada vez más la tarea magisterial el brindar las posibilidades de ayuda real para la construcción de la paz.

En muchas de nuestras escuelas, los maestros han abdicado de la función de educadores, para convertirse en meros instructores. Las causas de este cambio son muy profundas, y no se trata de echarnos culpas, se trata de buscar caminos nuevos para que los maestros puedan vivir plenamente su vocación de formar y no sólo instruir. Y esto no sólo por la función social importantísima que tienen entre manos sino, antes que nada, por su propia realización personal. Quien forma personas se siente realizado humanamente muchísimo más que quien solo cumple la tarea de instruir.

> **Nuestra educación se parece a la domesticación, muy semejante a la que hacemos con los animales.**

2. se desprecia

ALGUNAS PISTAS DE CONSTRUCCIÓN DE LA PAZ

A. Valorar al hombre

Creo que es fundamental en toda educación el tener muy a flor de piel[3] el valor de todo ser humano. En este sentido se impone una revisión de todas nuestras tareas educativas para sacar a luz el valor del hombre y de todo lo humano.

Esto, que parece evidente, en la práctica no es tan evidente. Cuando alguien está en la tarea educativa (que no es sólo la tarea escolar), está lleno de apuros para poder cumplir con planes y programas, y muy a menudo se olvida de lo que es realmente importante. En este sentido se nos impone, por las mismas circunstancias, una reflexión que ayude a todos los miembros a los que atañe la tarea, a buscar la forma de ser más humanos. No es sólo una contemplación del asunto, sino una tarea a cumplir. En este sentido es muy importante hacer ver lo terrible y monstruoso de la violencia que existe entre nosotros. Nuestros alumnos saben perfectamente las cosas que ocurren, pero necesitan una interpretación adecuada de los hechos. No pueden quedarse con la sola información que proporcionan los medios de comunicación, que en muchos casos están alejados de interpretaciones verdaderamente humanas y se contentan con alcances políticos o, lo que es peor, con culpabilidades tendenciosas.

Tenemos que hacer consciente que la vida es el don más preciado que tenemos los hombres y que nada puede justificar la pérdida de una vida humana. En este sentido también tenemos que tomar conciencia que nadie tiene el derecho de reducir la vida de nadie, sino que por el contrario es tarea de todos los hombres hacer que sus hermanos tengan más vida. La pobreza de las mayorías tiene que ser un escándalo, que va contra la verdadera paz.

B. Educar para la relación verdaderamente humana

La búsqueda de relaciones verdaderamente humanas es una de las tareas más importantes y difíciles que tenemos entre manos.

> **Nos ponen nuevos modelos de violencia en los que reina el sometimiento, marcados por un falso sentido de la justicia.**

Nadie puede negar que éste es también uno de los problemas más graves que vivimos todos hoy día. La forma en que nos tratamos es muchas veces funcional y estamos perdiendo todo el calor humano tan característico de nuestros pueblos latinoamericanos.

Los jóvenes de hoy tienen que saber que es con los otros como ellos que pueden ser realmente felices. También parece ésta una verdad evidente, pero la práctica nos muestra que esa evidencia no es tal, pues ellos están bombardeados por toda una pro-

---

3. en la superficie, al dedillo

paganda que predica exactamente lo contrario. En este sentido se trata de entablar una lucha contra todo aquello que trata de influir en búsqueda de un individualismo inhumano.

C. Educar siendo conscientes de que se quiere personas diferentes a nosotros mismos

Buena parte de la problemátiåca educativa consiste en que repetimos consciente o inconscientemente los mismos modelos que tenemos en nuestro actuar. Sabemos que todos tenemos dentro de nosotros mismos esos modelos, pero tenemos que hacer serios esfuerzos para no repetirlos pues queremos formar personas que tengan esos valores que se nos quedaron en un plano meramente teórico.

Para todo educador éste es un punto que exige una generosidad muy grande, ya que es muy corriente que nos pongamos como modelos para los educandos. En realidad no somos modelos, sino que somos personas de buena voluntad que queremos forjar un mundo diferente al que construimos. Queremos construir algo nuevo.

Se trata de una verdadera conversión, en la que desterramos la violencia física o moral, y podemos proponer experiencias que no hemos vivido en nuestra etapa de educandos.

D. Educar seriamente para la justicia

Éste podría ser, quien sabe, el punto más difícil de toda la educación, pues el concepto de justicia que hemos recibido los mayores tiene grandes lagunas en nuestra práctica. La prueba es justamente nuestro trato con los educandos. Pero no se trata únicamente del trato con nuestros educandos, sino de la apreciación que cada persona tiene de la realidad de nuestro país. Hoy día se nos exige a todos una profundización sobre lo que es justicia, y los deberes y derechos que nos impone.

_____

Los medios de comunicación plantean un esquema de la sociedad en el que impera la ley del más fuerte.

_____

E. Educar en relación con la fuerza de la juventud

Muchos de los educandos sienten hoy día que lo que se les da es un freno frente a la fuerza de vida que ellos mismos poseen. Es decir, que nuestra educación tanto formal como informal tiene antes que nada un carácter represivo en lugar de ser un verdadero estímulo. Sienten que a ellos no se les toma en cuenta en la planificación de lo que se quiere conseguir, y que por lo tanto viven en el mundo de las imposiciones, de las que no se les da ningún motivo.

Estamos aquí frente a uno de los retos más grandes que tenemos los adultos: ¿Cómo tomar en serio a los jóvenes que no nos demuestran la solidez adecuada, como para querer hacer frente a una realidad que vemos nosotros mismos tan confusa? Es cierto que es difícil todo este asunto, pero no es menos cierto que una educación que pretenda ser tal tiene que ser antes que nada un estímulo vital que encamine con mística[4] la vida de los menores.

Gran parte de los problemas de la educación podrían resumirse en la falta de mística de los educadores. En muchos casos los educadores se sienten frente a una tarea difícil que soportan con resignación, pero que en ningún momento les produce un entusiasmo comprometido con la realidad en que vivimos.

A MODO DE CONCLUSIÓN

El problema de la paz, turbada por la violencia entre nosotros, es un asunto realmente urgente. No es algo que podamos dejar para más tarde pues, en su pronta solución están comprometidas las vidas de miles de hermanos nuestros. Hemos pasado demasiado tiempo mirando la tragedia de la violencia sin hacer nada productivo para contrarrestarla. La paz no sólo compromete nuestro ser de cristianos, sino también la veracidad de nuestra calidad humana, solidaria con los hombres y mujeres de nuestra tierra a quienes tenemos que dar, entre todos, posibilidades de una vida realmente humana. Lo que vivimos en estos momentos es realmente inhumano, y tiende a irse descomponiendo cada día más si es que no actuamos con la premura que la situación requiere.

—**Gastón Garatea**
(*Paz: tarea de todos,* Perú)

---

4. una llamada interior a una vocación

COMPROBANDO LA LECTURA

"LA EDUCACIÓN FORMAL"

1. Este artículo enumera por lo menos 5 cosas que una buena educación debe desarrollar. Busque estos puntos y explíquelos en sus propias palabras.

2. Describa los efectos positivos y negativos de la amplia escolarización de la juventud ecuatoriana.

3. ¿Qué significa que un sistema de educación formal sea **bancario?** ¿Cuáles son los efectos personales y prácticos de tal educación?

4. Comente las implicaciones del graffiti "si la estupidez es una virtud, Uds. son virtuosos" pintado en la pared de un colegio. ¿Qué efecto supone Ud. que tendría tal mensaje sobre quienes lo lean todos los días?

"LA PAZ..."

1. Analice el concepto de **la paz** en este artículo.

2. ¿Está el Perú en guerra? ¿Por qué afirma el autor que "la paz se ha quebrado en este país"?

3. Defina Ud. los siguientes conceptos mencionados en el artículo:

   construir la paz

   la violencia estructural

   la paz es fruto de la justicia

   la violencia subversiva

   la violencia represiva

4. Según el artículo ¿cómo falla el hogar en la tarea de construir la paz?

5. ¿Cómo se manifiesta la violencia en la educación formal?

6. ¿Cuál es el papel de los medios de comunicación en este asunto?

TEMAS PARA CONVERSAR

1. IMAGÍNESE: DIÁLOGO CON SU CONSEJERO ACADÉMICO.
Ud. acude al consejero académico de su universidad porque desea compaginar los requisitos de una educación liberal con unas aspiraciones profesionales muy concretas (por ejemplo, Ud. quiere ser agricultora, artista, enfermera, médica, técnica de computadoras, maestra, etc.). Explique al consejero cuáles son estas aspiraciones y pídale ayuda para elegir un curso de estudios sensato.

2. IMAGÍNESE: "DEME SU CONSEJO". Ud. acude a la consejera
académica de su universidad porque Ud. no tiene ni idea de lo que quiere hacer ni de lo que debe estudiar para prepararse para el mundo del futuro. Explíquele a la consejera su dilema y pídale ayuda para elegir un curso de estudios sensato.

3. SER ALGUIEN EN LA VIDA. ¿Qué signifca para Ud. ser "alguien" en la vida? ¿Diría Ud. que un agricultor o un taxista es alguien en la vida? Compárelos a un médico o a un abogado. ¿Qué criterio utiliza la sociedad para juzgar el valor profesional de una persona? ¿Cree Ud. que muchos jóvenes escogen un oficio o una profesión atendiendo a los criterios sociales?

4. EL VALOR DEL MAESTRO. Los artículos insisten en el valor fundamental del trabajo del maestro o del profesor. ¿Cómo considera nuestra sociedad a los que ejercen esta profesión? ¿Cuáles son las cualidades ideales de un profesor? ¿Qué se necesitaría para atraer a los mejores candidatos a esta profesión?

5. LA BUENA EDUCACIÓN. ¿Cómo se nota que una persona ha tenido una buena educación? ¿Qué es lo que una buena educación puede y no puede lograr?

6. SISTEMA EDUCATIVO VS. SISTEMA AUTORITARIO. ¿Está Ud. de acuerdo con la afirmación de que un sistema autoritario reproduce y fortalece los valores de la sociedad? ¿Piensa Ud. que un sistema creativo conduce al libertinaje o a la falta de disciplina? ¿Cuáles, en su opinión, son los valores que su propia educación ha fortalecido? ¿Qué tipo de individuo trata de formar el sistema educativo?

7. INFORMACIÓN, CONOCIMIENTO Y SABIDURÍA. ¿Cómo se distingue la información del conocimiento y estos dos de la sabiduría? ¿Para qué sirve la información "embutida a fuerza"? ¿Cuándo es útil y cuándo no sirve para nada? ¿Qué piensa Ud. del concepto de Hirsch *cultural literacy?*

8. IMAGÍNESE: EDUCANDO PARA LA PAZ. Uds. son los miembros del Ministerio de Educación de su estado y les han mandado que transformen el plan de estudios de las escuelas de su estado para que la paz tenga un lugar más prominente. Decidan entre sí por lo menos 5 maneras en que se podría transformar los estudios para realizar esta meta.

9. DEBATE: EL ACTIVISMO ESTUDIANTIL. Los estudiantes y los profesores no están de acuerdo. Aquéllos insisten en tener una voz más activa en la política educativa, mientras que éstos afirman que los estudiantes no están capacitados para participar en tales decisiones. Divídanse en dos grupos —estudiantes y profesores— y sostengan un debate sobre este tema.

10. CONSTRUIR LA PAZ. ¿Qué significa **construir la paz?** ¿Es algo activo o pasivo? ¿Qué actividades humanas sirven para construir la paz y cuáles para derribarla?

11. ¿EDUCADOR O INSTRUCTOR? Discuta la diferencia entre **educador** e **instructor.** ¿Cuáles podrían y deberían ser las funciones del maestro? Comente la noción de **la mística** de los profesores y de otras profesiones. ¿Cómo se nota que alguien siente **la mística** de su oficio?

12. LA PRENSA Y LA PAZ. El artículo afirma que los medios de comunicación no interpretan bien los hechos violentos, que sólo presentan "los hechos" y que no brindan las interpretaciones "verdaderamente humanas". ¿Cuál es su opinión acerca de la prensa sensacionalista? ¿Cuál es su función, su atractivo, su beneficio y su peligro?

TEMAS PARA ESCRIBIR

1. ARTÍCULO DE PRENSA. Imagínese que Ud. es un estudiante de intercambio en el Perú a quien el periódico escolar ha pedido un artículo sobre su país. Ud. decide describir el sistema educativo que conoce.

2. RETRATO. Describa a una persona con educación formal. Incluya en su descripción tanto su formación educativa como los rasgos psicológicos y morales que exhibe actualmente.

3. EL CONCEPTO DE LA JUSTICIA. Desarrolle un ensayo que explique e ilustre el concepto de la necesidad de crear "...una justicia que vaya construyendo al otro en lo que realmente él es, y no en lo que yo más quiero, por conveniencia a mis propios intereses, que sea él".

Una visión crítica de la juventud

Es prácticamente un tópico decir que la juventud de hoy no es idealista como lo fue la de los años 60 y 70: que no afirman gran compromiso político, ni toman posturas protestarias ante las injusticias de nuestro día, ni luchan por cambiar las estructuras sociales. Sin embargo, ¿es justo rechazar a toda una generación por lo que no es en comparación a otra? ¿No vale más valorarla por sus propios méritos? En el próximo ensayo, Moncho Alpuente intenta hacer esto último al considerar el contexto político, social y económico en que se formaron dos generaciones tan dispares como la de los años 60 y 70 y la actual.

ANTES DE LEER

1. EL EXISTENCIALISMO.
El título del artículo siguiente, "Rebeldes sin naúsea", alude a una obra del filósofo francés Jean Paul Sartre, "La Naúsea", y a una película norteamericana popular en los años 50 sobre la generación *beat*, "Rebeldes sin causa". En ésta el actor James Dean representaba el papel de un joven rebelde existencial. ¿Qué sugiere la variación que ha dado el autor al título de la película?

2. LOS "HIPPIES".
El artículo que sigue hace referencia a la generación "hippy" de los años 60. ¿Qué sabe Ud. de esa generación? ¿Cómo se vestía? ¿Cuáles eran sus valores? ¿Que les parecen los de esa generación?

VOCABULARIO ÚTIL

airado   enfadado; enojado; irritado

con mayúsculas   CON LETRAS GRANDES

de balde   en vano

lúdico   que tiene que ver con el juego; de espíritu juguetón

un paria   una persona marginada

pese a   a pesar de

"Rebeldes sin náusea"

Aquellos jóvenes de antaño (20 años son una eternidad en materia de juventudes) tomaban las calles para combatir contra el Sistema con mayúsculas y reivindicaban la Utopía también con mayúsculas, a cantazos en las barricadas o a golpe de *slogan* pintarrajeado en la pared o coreado[1] en manifestaciones multitudinarias y lúdicas. Aquellos jóvenes airados hubieran sido magníficos creativos publicitarios, algunos de ellos probablemente lo sean ahora que ya no son ni jóvenes ni airados.

Frases como "Levantad los adoquines[2], debajo están las playas", "Seamos realistas, pidamos lo imposible" o "Prohibido prohibir" deben o deberían figurar en los manuales de comunicación más modernos. Los jóvenes de hoy, cuando toman las calles, no reivindican la Utopía, y si sus proyectiles se dirigen contra el Sistema, no es para derribarlo, sino para pedirle mejores expectativas de cara a su integración.

Estos jóvenes realistas no piden lo imposible y tampoco persiguen, como lo hacían sus padres, la marginalidad; entre otras cosas porque la marginalidad de hoy es otra cosa.

> **Los jóvenes de hoy, cuando toman las calles, no reivindican la Utopía, y si sus proyectiles se dirigen contra el Sistema, no es para derribarlo, sino para pedirle mejores expectativas de integración.**

La marginalidad de ayer era un sueño de libertad con un horizonte de campos de fresas para siempre[3], viajes a Katmandú o a los paraísos artificiales del ácido, paz, amor y promiscuidad sexual para todos los jóvenes parias de la Tierra. La marginalidad de hoy es marginación, desempleo y las siete plagas del sida y la heroína, pestes apocalípticas que airearon sobre las inocentes hordas juveniles los sicarios[4] del Sistema, precisamente para esto, para quitarles las malas ideas de la cabeza y que no siguieran su viaje por el lado peligroso de la calle. Peligroso para los jóvenes y aún más peligroso para el Sistema que corría el riesgo de no encontrar recambios suficientes y aptos para su perpetuación entre aquella calaña[5] de *hippies*, radicales y anarquistas.

Tras ímprobos esfuerzos, sin duda dignos de la mejor causa, los cerebros grises, plomizos, del Sistema (al que al partir de ahora llamaremos *Establishment* por no repetir más la palabreja y seguir con términos de uso común en los 60) consiguieron meter el miedo en el cuerpo de las nuevas generaciones y propiciaron un estratégico cambio en su

---

1. cantado en coro   2. piedras que se usan para pavimentar las calles   3. título de una canción de los Beatles   4. asesino asalariado   5. tipo, especie

escala de valores, sustituyendo libertad por seguridad. Desde ese momento, los jóvenes no buscaron más en el viejo baúl de las utopías y se aplicaron para convertirse en hombres y mujeres de provecho, dignos de ocupar un puesto en la nómina y en el escalafón[6], un puesto del que los rebeldes de antaño habían huido despavoridos, aterrorizados ante la idea de parecerse alguna vez a sus progenitores y tener que conformarse, como ellos, con una idea de trabajo por lo general, embrutecedor, absurdo y mal remunerado.

Los problemas resurgieron cuando estos sumisos alumnos, ávidos de integración, descubrieron que, pese a su buena conducta y a su aprovechamiento escolar, no iba a haber puestos para todos y que, en el caso de haberlos, ellos no estarían preparados para ocuparlos a causa de la deficiente formación que se les impartía en las aulas colegiales, profesionales o universitarias.

Una vez más habían sido engañados por sus mayores, una vez más habían creído en sus falsas promesas y estaban sacrificando de balde los mejores años de sus vidas para acabar engrosando las filas del paro o, en el mejor de los casos, trabajando en precarias condiciones, a base de contratos eventuales y leoninos[7] y en áreas muy alejadas de sus inquietudes vocacionales y de sus aspiraciones pecuniarias.

La respuesta no se hizo esperar, los cachorros[8] volvieron a enseñar los dientes, huelgas y manifestaciones volvieron a estar a la orden del día y en sus correrías callejeras los jóvenes aplicados se vieron una vez más desbordados por sus colegas más violentos y más escépticos, marginados, no por elección, sino por necesidad, que aprovechaban la revuelta de los buenos chicos para entregarse al vandalismo por puro amor al arte, sin reivindicaciones ni consignas.

Supongo que en esta ocasión los representantes del *Establishment* no habrán podido evitar la tentación de dirigirse a los estudiantes revoltosos en tono paternal para decirles: "Ya véis lo que os pasa por salir a la calle","tened cuidado con las malas compañías" y "con la violencia nunca se arregla nada". Argumentaciones no han de faltarles a estos esbirros[9], pues en sus filas militan, con cargos de responsabilidad, muchos de aquellos imaginativos líderes de las revueltas de Mayo del 68[10], ex pirómanos reciclados en bomberos, que se ganan su sueldo en los pesebres de la Administración, intelectuales que, como diría Orson Welles, un día cambiaron sus ideales por sus piscinas y dejaron de nadar contracorriente.

Estos jóvenes aplicados y sumisos de hoy no tienen ideales, pero tampoco tienen piscinas y, si bien pueden prescindir de lo primero, no están dispuestos a hacer muchas concesiones en el segundo apartado. Algo han aprendido de las enseñanzas de sus maestros.

—**Moncho Alpuente**
(*Cambio 16,* España)

---

6. en la lista y en la jerarquía de empleados en una empresa   7. desventajoso   8. perritos recién nacidos
9. oficiales de justicia   10. momento en que se produjeron muchas protestas estudiantiles por todo el mundo: París, Nueva York, México, etc.

COMPROBANDO LA LECTURA

1. ¿Cómo caracteriza el autor del artículo a los jóvenes de los años 60?
2. ¿Cómo han cambiado estos jóvenes al llegar a ser mayores?
3. Según el autor, ¿cuáles son las preocupaciones de los jóvenes de hoy?
4. ¿A quiénes critica el autor en este artículo?
5. Busque expresiones o palabras que comunican un tono crítico o negativo en este artículo.

TEMAS PARA CONVERSAR

1. LOS VALORES GENERACIONALES.
¿Tendrían los adultos de hoy los valores que tienen Uds., los jóvenes actuales, cuando ellos tenían la misma edad? Para contestar mejor la pregunta, piensen en los consejos que les dan sus padres y abuelos como pautas de vida. ¿Están Uds. de acuerdo con ellos?

2. LOS JÓVENES VISTOS POR LOS ADULTOS.
En su opinión ¿qué aspectos de la juventud olvidan los adultos al juzgar a los jóvenes? ¿Creen Uds. que los adultos los toman a Uds. en serio?

3. LA BRECHA GENERACIONAL.
¿Existe una brecha generacional? ¿Cómo se manifiesta? En su opinión, ¿se puede superar la brecha generacional, si existe? Explique.

4. IMAGÍNESE: UN MONÓLOGO.
Imagínese que Ud. es el autor del editorial "Rebeldes sin náusea" quien decide ahora hacer una autocrítica de su propia generación. Prepare un monólogo —para presentar en clase— en el que confiesa cómo falló su generación al poner en práctica sus ideales.

5. LEMAS PARA LA JUVENTUD.
Después de examinar el sentido y la estructura de los lemas "Levantad los adoquines, debajo están las playas", "Seamos realistas, pidamos lo imposible" y "Prohibido prohibir" en el artículo de Moncho Alpuente, preparen en pequeños grupos unos slogans que caractericen su propia generación de jóvenes o que ilustren su actitud hacia el idealismo y el compromiso político-social.

Temas para escribir

1. UNA CARTA ABIERTA. Los adultos a menudo se presentan como la autoridad ante los jóvenes. Imagínese que Ud. reta la autoridad de los mayores al escribir una carta abierta a los adultos exponiendo lo que Ud. considera que son las responsabilidades de ellos como administradores del mundo actual.

2. EDITORIAL. Escriba un artículo editorial de tres a cuatro párrafos en que presenta su propia visión acerca de la responsabilidad de los jóvenes en la actualidad.

Últimas consideraciones

Como último texto de este capítulo sobre la juventud, se presenta una canción de Violeta Parra, canto-autora chilena fallecida en 1967. Violeta Parra formó parte de la ola de la **nueva canción chilena,** movimiento paralelo al del *folk-rock* en que la letra de las canciones exhibían una clara conciencia de los dilemas sociales del momento. La selección que se presenta a continuación es un canto de alabanza a los jóvenes estudiantes comprometidos que luchan contra las injusticias a su alrededor.

LA NUEVA CANCIÓN

LETRA Y MÚSICA DE VIOLETA PARRA
Me gustan los estudiantes

1   ¡Que vivan los estudiantes, jardín de las alegrías!
     Son aves que no se asustan de animal ni
     policía;
     y no le asustan las balas ni el ladrar
5   de la jauría[1].
     Caramba y zamba la cosa,
     ¡que viva la astronomía!
     Me gustan los estudiantes que rugen como
     los vientos
10   cuando les meten al oído sotanas[2] o regimientos.
     Pajarillos libertarios igual que los elementos
     ¡que vivan los experimentos!

_____

1. grupo de perros   2. hábito de sacerdote

Me gustan los estudiantes porque levantan
el pecho
15 cuando les dicen harina, sabiéndose que es
afrecho[3]
Y no hacen el sordomudo cuando se presenta
el hecho.
Caramba y zamba la cosa,
20 ¡el código del derecho![4]
Me gustan los estudiantes porque son la
levadura[5]
del pan que saldrá del horno con toda su
sabrosura
25 para la boca del pobre que come con amargura.
Caramba y zamba la cosa,
¡viva la literatura!
Me gustan los estudiantes que marchan sobre
las ruinas.
30 Con las banderas en alto va toda la
estudiantina.
Son químicos y doctores, cirujanos y dentistas.
Caramba y zamba la cosa,
¡vivan los especialistas!
35 Me gustan los estudiantes que van al
laboratorio.
Descubren lo que se esconde adentro del
confesorio[6].
Ya tiene el hombre un carrito que llegó hasta
40 el purgatorio.
Caramba y zamba la cosa,
¡los libros explicatorios!
Me gustan los estudiantes que con muy clara
elocuencia
45 a la bolsa negra sacra le bajó las
indulgencias[7].
Porque ¿hasta cuando nos dura, señores, la
penitencia?
Caramba y zamba la cosa,
50 ¡que viva toda la ciencia!

---

3. salvado de trigo   4. compilación de leyes   5. sustancia para fermentar el pan
6. confesionario; cubículo en que uno se confiesa   7. derriban el mito del capitalismo

PARA CONVERSAR

Compare la actitud hacia los jóvenes reflejada en esta canción con la de las otras selecciones de este capítulo. ¿Se identifica Ud. con este poema más o menos que con los otros artículos?

PARA ESCRIBIR

Escriba una canción original sobre la juventud, usando la música de una canción que Ud. ya conoce.

Table of Contents

❋❋ CAPÍTULO 1 ❋❋

LA NIÑEZ

Es indudable que dentro del alma de cada persona hay
un niño y un adulto, no importa la edad. Es decir, hay
un poco del adulto en cada niño y hay un poco del niño
en cada adulto. La capacidad del ser humano de manifestar estos dos aspectos se refleja en la estructura lin-
güística en expresiones tales como "cuando era
niño/a...", lo cual siempre se expresa en el imperfecto,
indicando que no hay un punto fijo en que se termina la
niñez y empieza la edad adulta.

Si el niño representa el aspecto espontáneo y creativo del individuo, el adulto representa el aspecto lógico. En el niño reside el deseo de explorar y descubrir
nuevos conceptos y sentidos; en el adulto predomina la
lógica. En cuanto a la personalidad, el aspecto del adulto analiza racionalmente el otro aspecto. Es decir, el
adulto decide cuándo puede permitirse expresar su lado
espontáneo y creativo*. La capacidad del ser humano
de presentar aspectos tanto de niño como de adulto se
pondrá de manifiesto en las tres lecturas de este capítulo. En ellas se verán los conflictos entre estas dos facetas desde la perspectiva de un niño.

**Hay un poco del adulto en cada niño y un poco del
niño en cada adulto.**

La primera lectura, "Niños que se pasan de listos",
tiene que ver con las dificultades de ser superdotado.
Describe a niños superinteligentes que no encajan ni en
el mundo de los niños ni en el mundo de los adultos. La segunda lectura,
"Los niños buenos", es un cuento cuya protagonista, una niña de siete años,
lucha con dificultades típicas de un adulto, sobre todo la de escoger entre el
bien y el mal. En la tercera lectura, "Después del almuerzo", el niño lucha
con el eterno conflicto de cumplir con sus obligaciones o hacer lo que le
gusta.

---

* Thomas A. Harris, *I'm O.K., You're O.K.* (New York: Avon. 1967)

OBJETIVOS

Aquellos lectores que no son hispanohablantes pueden contar con ciertos recursos para tener una mejor comprensión de un texto como son: (a) una base sólida de vocabulario pertinente al tema, y (b) todo conocimiento anterior sobre el tema que pueda ser relacionado con el texto. Por eso las secciones **Información esencial: Vocabulario,** e **Información esencial: La experiencia personal** acompañan cada texto. Para tener éxito en la comprensión de su lectura en español, debe concentrarse bien en estas dos secciones antes de leer el texto correspondiente. Además de estos dos aspectos, en este capítulo se va a hacer hincapié en lo siguiente:

1. Identificar la información más importante de un texto

2. Aprender ciertos términos literarios que le serán útiles en lecturas siguientes

3. Tener conocimiento del papel que desempeñan ciertas estructuras lingüísticas en la comprensión del texto. Los dos tipos de estructuras que se estudiarán en este capítulo son:

   a. relaciones anafóricas (identificación de los antecedentes de los pronombres)

   b. relaciones verbo-temporales (el imperfecto del subjuntivo)

INFORMACIÓN ESENCIAL: LA EXPERIENCIA PERSONAL

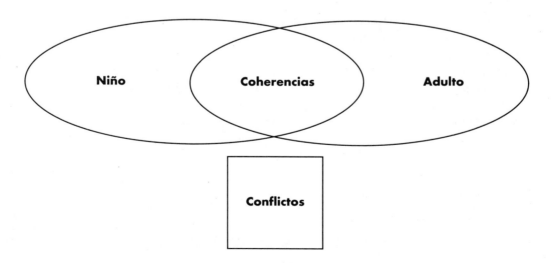

ACTIVIDADES INDIVIDUALES

En este capítulo nos concentraremos en la relación entre los aspectos de adulto y niño en el ser humano. El esquema anterior representa estas dos facetas de la personalidad. Escriba en cada óvalo aspectos específicos de cada categoría que lo describan a Ud.

1. En el óvalo **Niño** haga una lista de las cosas espontáneas y creativas que Ud. haya hecho.

2. En el óvalo **Adulto** haga Ud. una lista de las ocasiones en las que predomina su aspecto racional. Piense Ud. en pasatiempos y tareas que le gusten y para las cuales además tenga que utilizar la lógica. Haga una lista de estos pasatiempos y tareas. ¡Sea específico!

3. Ahora busque Ud. los puntos en los que coinciden estas dos facetas de su personalidad. Apunte en el área de superposición de los círculos las ocasiones en que haya podido aprovechar los dos aspectos para hacer algo lógico y creativo a la vez.

4. Ahora busque Ud. los conflictos entre estas dos facetas de su personalidad. Apunte en la casilla: (a) las cosas espontáneas y creativas que le hubiese gustado hacer pero que no ha hecho, y (b) las ocasiones en que debería heber hecho algo rutinario pero en las que, en lugar de eso, hizo algo espontáneo y divertido.

5. Escriba bajo el gráfico un resumen sobre la compatibilidad incompatibilidad de estas facetas de su personalidad.

ACTIVIDAD COOPERATIVA

En grupos de tres o cuatro personas, repasen el esquema de cada persona del grupo. Escuchen mientras cada individuo explica el contenido de su gráfico. Después, comparen los esquemas y busquen diferencias y semejanzas entre sus personalidades y experiencias. En general, ¿hay un aspecto predominante en cada persona? ¿Qué datos les sorprenden más? Escriban un resumen de su charla de una página y entréguenselo al profesor.

COMPRENSIÓN DE TEXTO

En cada capítulo hay dos secciones que presentan actividades de prelectura que facilitan la comprensión de lectura. **Información esencial: Vocabulario** sirve para ayudarlo con la comprensión del vocabulario, y la sección titulada **Información esencial: La experiencia personal** lo invitará a utilizar sus propias experiencias para entender mejor el texto.

El **Diccionario de bolsillo** contiene el vocabulario clave del texto con definiciones y oraciones. Las oraciones están estructuradas de manera que se entienda el significado de la palabra; cuando es posible, se han tomado directamente del texto. Ud. debe leer la sección **Diccionario de bolsillo** con cuidado antes de hacer los ejercicios de vocabulario. **Información esencial: La experiencia personal** contiene ejercicios para ayudarlo a Ud. a enfocarse en sus experiencias personales que contribuirán a mejorar su comprensión del texto.

LECTURA 1

"Niños que se pasan de listos" por María Josep Sangenis

"Niños que se pasan de listos" es un artículo sobre los problemas que sufren los niños superdotados. Léalo y sepa por qué una madre dice que "lo mejor es ser normal, que tan malo es pasarse de listo como no llegar".

INFORMACIÓN ESENCIAL: VOCABULARIO

DICCIONARIO DE BOLSILLO

acudir	ir al sitio donde le conviene o es llamado
	*El pasado año suspendió dos asignaturas y su madre le llevó al psicólogo. Desde entonces **acude** una vez por semana a consulta.*
alardear	jactarse; fanfarronear
	*Patino sobre hielo perfectamente y he montado en el caballo de Cataluña que más corre, **alardea.***
desfase	separación; desajuste
	*La nueva ley de educación trata de evitar este **desfase** entre el sistema de enseñanza y las necesidades de los niños con un coeficiente superior a 140.*
encajar	meter una cosa dentro de otra ajustadamente; (fig.) ser compatible
	*Como Jordi hay en España alrededor de 300.000 pequeños "Tate" —el protagonista de la película dirigida por la actriz Jodie Foster y nominada a los Oscar—, que no **encajan** en el sistema educativo y se convierten en estudiantes conflictivos.*

infarto	ataque cardíaco
	*Cuando yo tenía 2 años a mi abuelo le dio un **infarto** y fui a verlo a la clínica. Entonces decidí que quería ser médico.*
juerga	diversión bulliciosa, particularmente en la que participan varias personas reunidas
	*Fue... a la discoteca Studio 54.... Sus compañeros de **juerga** no fueron los de clase.*
ordenador	computadora
	*Prefiero escribir mis redacciones en el **ordenador**.*
parvulario	escuela para niños de 3 a 5 años
	*El niño asistirá al **parvulario** antes de asistir al kinder.*
payaso	bufón, gracioso de circo
	*La mayoría se aburren en la escuela, se convierten en el **payaso** de la clase y empiezan a suspender.*
superdotado	superinteligente, con un coeficiente intelectual de 140 o más
	*En España existen alrededor de 300.000 niños **superdotados**. Pero tienen dificultades para relacionarse con sus compañeros y cierta alergia a los libros.*
suspender	fracasar; no pasar (asignaturas)
	*Sus notas no son ni mucho menos brillantes. Incluso **suspende** algunas materias.*
travieso	se dice del niño inquieto o revoltoso
	*Era un chico muy difícil y **travieso**.*
treintañero	una persona que tiene entre 30 y 39 años
	*Los domingos Jordi comparte su afición al trial con **treintañeros**.*

ACTIVIDAD INDIVIDUAL

Piense Ud. en sus compañeros de clase del último año del colegio. ¿Quiénes hacían los siguientes papeles? ¿Qué hacían para merecer este "título"? ¿Les dieron apodos? ¿Dónde están ahora y qué hacen?

el payaso de la clase

el prodigio

el superdotado

el juerguista

la persona que alardeaba mucho

ACTIVIDAD COOPERATIVA

Formen grupos de tres o cuatro personas. En estos grupos decidan qué necesitan hacer para encajar en las categorías que aparecen a continuación. Hay espacio para añadir más categorías.

un club de deportes   El Club Mensa*

un equipo de fútbol norteamericano   …

una colonia de nudistas   …

INFORMACIÓN ESENCIAL: LA EXPERIENCIA PERSONAL

ACTIVIDAD INDIVIDUAL

Piense Ud. en sus experiencias en la escuela primaria. ¿Qué había que hacer para sobrevivir en sus clases? Escriba Ud. tres características de un/a estudiante "modelo" en la escuela primaria. Después escriba tres características de una persona que no encaja en una clase típica.

ACTIVIDAD COOPERATIVA

En grupos de tres o cuatro personas, comparen las listas de la actividad individual. Escriban en dos columnas en una transparencia los atributos del estudiante modelo y del estudiante que no encaja en una clase típica. ¿Están Uds. de acuerdo entre sí o no? Comparen sus experiencias de la escuela primaria y las categorías a las que pertenecía cada uno. Después, muéstrenles la información a los otros grupos con el retroproyector.

COMPRENSIÓN DE TEXTO

Ahora que sabe las palabras esenciales y que tiene alguna idea del **contexto** de la lectura, no es necesario saber todas las palabras del texto para entenderlo. Es importante que utilice la información de las secciones precedentes,

---

* Grupo de individuos con coeficiente intelectual de 140 o más

pues lo ayudará en la comprensión de la lectura. Es decir, no debe perder el hilo buscando todas las palabras. Por eso se sugiere que lea el artículo de la siguiente manera:

1. Lea el artículo rápidamente para tener una idea general del contenido.

2. Lea el cuadro de la **Guía de comprensión** que sigue al artículo para tener claro los datos que nos da el texto.

3. Lea el artículo otra vez, más lentamente y buscando palabras en el glosario si es necesario. Complete el cuadro de la **Guía de comprensión.** Si no existe una respuesta para alguna categoría, escriba una **X** en la casilla.

LA SOCIOLOGÍA

MARÍA JOSEP SANGENIS
"Niños que se pasan de listos"

En España existen alrededor de 300.000 niños **superdotados.**
Pero tienen dificultades para relacionarse con sus compañeros
y cierta alergia a los libros

Jordi Suazo tiene 12 años. A los 9, su familia descubrió que tenía un coeficiente intelectual de 150: según los parámetros, se trataba de un niño superdotado. "Era un chico muy difícil y **travieso.** Cuando iba al **parvulario** se escapaba, y siempre hacía lo contrario de lo que le mandaban. Tenía que ser el centro de atención", señala su madre, Teresa, a la que nunca se le había pasado por la cabeza que su hijo pudiera ser superdotado. Pero cayó en sus manos una revista con un reportaje sobre

"Patino sobre hielo perfectamente y he montado el caballo de Cataluña que más corre", alardea.

estos niños, "y vimos que sus características coincidían con las de Jordi".

Fue entonces cuando le llevaron al psicólogo y le sometieron al test de WISC. "De pequeño siempre preguntaba el porqué de todo, nunca quedaba satisfecho con las respuestas que le dabas", explica Teresa.

Ahora, Jordi se vuelve loco por los **ordenadores,** los deportes y la historia. Las demás asignaturas le aburren y sus notas no son ni mucho menos brillantes. Incluso suspende algunas materias. Con una seguridad asombrosa afirma: "Si quiero, puedo sacar un diez en todo, pero estudiar me aburre".

Como Jordi hay en España alrededor de 300.000 *pequeños Tate* —el protagonista de la película dirigida por la actriz Jodie Foster y nominada a los Oscar—, que no **encajan** en el sistema educativo y se convierten en estudiantes conflictivos. "La mayoría se aburren en la escuela, se convierten en el **payaso** de la clase y empiezan a **suspender**", explica Xavier Berché, neuropsiquiatra y presidente de Credeyta, una fundación privada que atiende a los niños superdotados con problemas. Un coeficiente de 140 ya es motivo para sospechar, según Berché, que un niño es superdotado, "pero no es suficiente. Deben tener cierta creatividad, una habilidad superior y una dedicación al trabajo".

Jordi, de momento, tiene muy claro lo que le gustaría ser en el futuro: "Quiero ser piloto de avión. Ganan 1.458.000 pesetas al mes", asegura convencido de sus posibilidades. Comparte su pasión por los ordenadores con la práctica de diversos deportes. "Patino sobre hielo perfectamente y he montado el caballo de Cataluña que más corre", **alardea.**

Hace sólo 15 días que descubrió la *marcha.* Fue por primera vez a la discoteca Studio 54. Jordi, sin rebuscar las palabras, define la noche que pasó allí como la "quintaesencia del séptimo cielo". Sus compañeros de **juerga** no fueron los de clase. "Con ellos me aburro. Con quien conecto más es

> **"...lo mejor es ser normal, que tan malo es pasarse de listo como no llegar."**

con los de tercero de BUP y COU". Los domingos, Jordi comparte su afición al Trial con **treintañeros.**

Con los chicos de su clase, en cambio, tuvo algunos problemas. "Quiere ser el líder y llamar la atención, y los demás, como es lógico, no siempre lo aceptan", indica su madre.

Con su padre, funcionario del Ayuntamiento de Barcelona, Jordi mantiene una relación "de colegas, hablamos de todo. Algunos amigos a veces le piden consejo sobre cómo hablar a sus hijos, por ejemplo, sobre el sexo, algo que hace tiempo superé. He tenido problemas con el sexo contrario: antes salía con una chica de 16 años, ahora, con una de 13, pero no acabo de comprenderlas."

Teresa asegura que tener un hijo superdotado no es ninguna ganga. "No es lo mismo que un niño prodigio. Muchas veces hay que ponerle el freno. Creo que lo mejor es ser normal, que tan malo es pasarse de listo como no llegar".

José Morcillo y Pilar Cáceres, padres de Marta y Estefanía, comparten la opinión de la madre de Jordi. "Hay padres que creen que les ha tocado la lotería por tener un niño superdotado —señala Pilar—, pero no es así. En algunos casos se plantean problemas familiares, porque no saben cómo tratarlos".

José y Pilar se oponen a medidas excepcionales como las escuelas de talentos, "porque en muchos aspectos siguen siendo niños", precisa Pilar.

Ni siquiera los especialistas son categóricamente partidarios de estos centros. Berché, por ejemplo, asegura que no existen dos casos idénticos. "El 15 por ciento sería recomendable que asistieran. En España, además, no existe ningún centro de estas características". En Estados Unidos y en Nigeria, por ejemplo, hay tres centros de este tipo.

HERMANAS, PERO DISTINTAS

A los 10 años Estefanía se negó a ir a la escuela. Ahora, seis años después, asiste a un centro de educación activa. Le gusta especialmente la biología y la historia del arte y, sobre todo, el teatro. Detesta, sin embargo, los ordenadores. No se siente privilegiada. "La única diferencia con otras chicas de mi edad es que me relaciono mejor con gente adulta y me gusta más observar que hablar". Su hermana, Marta, estudia segundo de Telecomunicaciones. Es más abierta que Estefanía, y comparte los estudios con su afición por construir circuitos electrónicos y confeccionar puzzles.

Ambas se negarían a ir a una escuela especial para mentes privilegiadas. La nueva ley de educación trata de evitar este **desfase** entre el sistema de enseñanza y las necesidades de los niños con un coeficiente superior a 140. Según Xavier Berché: "En España, las únicas iniciativas son privadas, pero no reciben demasiadas ayudas de la Administración, con lo cual hay una carencia de especialistas y de medios".

Por eso hay muchos casos de superdotados que no se diagnostican en España. En este grupo hay más niñas que niños. "Las mujeres son conscientes de los problemas que les comportará que les diagnostiquen que son superdotadas y lo disimulan", asegura Berché.

Alex Pastor, a sus 13 años, sabe que es un niño superdotado. Pero no lo proclama. Es la imagen contraria de Jordi. Tímido y reservado, le cuesta relacionarse con los demás. "En el recreo, mis compañeros juegan al baloncesto, pero a mí no me gusta".

El pasado año suspendió dos asignaturas y su madre le llevó al psicólogo. Desde entonces **acude** una vez por semana a consulta. Allí, Alex ha aprendido técnicas de estudio. Le gustan las matemáticas, pero suspende: "Sé los resultados, pero me equivoco con los signos".

Alex, un *boy scout* aficionado a los ordenadores y las máquinas recreativas, tiene en la cirugía su vocación: "Cuando yo tenía 2 años a mi abuelo le dio un **infarto** y fui a verlo a la clínica. Entonces decidí que quería ser médico". Y a esa vocación va a orientar sus estudios.

En cambio, Laura Orellana, de 15 años, está convencida de que no necesita maestros, porque no le pueden enseñar nada que no sepa ya. "Hace dos años que construyo mi educación", afirma rotunda. Su coeficiente se acerca a los 200, lo que la sitúa en la órbita de los genios, un término que ella considera "estúpido".

Su madre, Remedios, recuerda orgullosa que a los 3 años ya sabía leer y escribir y que a los 4 copió un cuadro de Dalí a la cera[1]. "Ahora, lo que me gusta es pintar mis propios cuadros", asegura Laura, que prepara su primera exposición.

---

1. *wax crayons*

Sus visitas a la facultad de Bellas Artes, sin embargo, no le han impresionado: "Les paso a todos la mano por la cara". Laura adora también la música, sobre todo componer. El piano, que asegura haber aprendido a tocar sola, es su instrumento favorito, y ahora compone una ópera.

Entre sus lecturas preferidas figura la filosofía. En su biblioteca abundan los griegos, las obras de Kant y sobre todo Schopenhauer, el pensador con el que más se identifica, "por su concepción del hombre y porque su pensamiento tiene una aplicación práctica". Es muy crítica, sin embargo, con Aristóteles y Kant. "A los 5 años me pidió que le comprara la enciclopedia de la ciencia —recuerda su madre—. No le gustaban nada los tebeos. Después empezó a pedir libros de autores como Goethe".

...Laura Orellana, de 15 años, está convencida de que no necesita maestros...

Las relaciones sociales de Laura son muy limitadas. Ella reconoce que no tiene amigos, "pero me encuentro muy bien conmigo misma. Además, leyendo se establece una relación de amistad entre autor y lector".

Remedios no duda de la excepcionalidad de su hija y está convencida de que tendrían que darle la oportunidad de "relacionarse con intelectuales y gente culta". Se queja de la poca ayuda que recibe su hija para cursar estudios en una universidad extranjera: "España tiene un caso excepcional y deberían tenerlo en cuenta".

De momento, la ha recibido la Reina Sofía. Cuando fue a la Zarzuela pensaba regalarle un cuadro que pintó de la reina María Antonieta de Francia, "pero me di cuenta que no era el lienzo más adecuado".

GUÍA DE COMPRENSIÓN

Nombre	Edad	Personalidad	Pasatiempos	Logros	Vida social
Jordi					
Estefanía					
Marta					
Alex					
Laura					

Comprensión de texto

En cada capítulo de este libro hay una sección que se titula **Y ahora les toca a Uds.** Según los resultados de las investigaciones sobre comprensión de texto, la lectura no es un proceso pasivo. Al contrario, un aspecto muy importante en la comprensión de la lectura es la experiencia del lector. Es decir, el lector, a través de su experiencia personal, contribuye al significado del texto. Por eso sus experiencias y opiniones son muy importantes. En esta sección Ud. tiene la oportunidad de ampliar el significado del texto con sus experiencias.

Y ahora les toca a Uds.
Actividad cooperativa

Los padres de Jordi, Marta y Estefanía dicen que tener un niño superdotado presenta muchos problemas. Miren la información que Uds. han escrito en el cuadro de la **Guía de comprensión** y piensen si están de acuerdo con que la vida de un niño superdotado no es fácil. En su opinión, ¿cuáles son los problemas más graves que tienen estos niños? ¿Cuáles son las ventajas? ¿Por qué?

Actividades individuales

Escriba Ud. un párrafo sobre uno de los temas siguientes. Después, comparta la información con sus compañeros de clase.

1. Piense en su niñez. ¿Recuerda situaciones en las que las expectativas de los adultos no coincidían con lo que Ud. podía o quería hacer? En una composición de una página, describa esta situación y compártala con sus compañeros.

2. ¿Tenía Ud. algún amigo adulto cuando era niño? ¿Qué tenían en común y por qué era especial esa persona? ¿Cree Ud. que es importante que un niño tenga por lo menos un amigo adulto? Explique por qué sí o por qué no. Escriba Ud. una breve redacción de dos páginas en la que describa sus experiencias.

3. Es evidente que los niños superdotados no son los únicos que no encajan en una clase típica. Hay muchos niños que necesitan programas individualizados pero no hay suficientes profesores para enseñarles. Imagine que Ud. está a cargo del sistema educativo de su ciudad. En su opinión, ¿cuáles son los grupos a los que se dedica menos atención? ¿Qué haría Ud. para que el sistema se ocupara de todos los alumnos por igual? Escriba una redacción de dos páginas en la que describa sus estrategias y léasela a sus compañeros de clase.

"Los niños buenos" por Ana María Matute

"Los niños buenos" (1953), de Ana María Matute, trata de la crueldad e injusticia durante los tiempos de la posguerra en España. El argumento del cuento es sencillo: la protagonista, una niña de siete años, se porta mal en la escuela y como castigo sus padres la mandan al campo a vivir con su abuelo. Es allí donde la niña pierde su actitud inocente y aprende nuevas estrategias en sus relaciones con los adultos.

Ana María Matute

INFORMACIÓN ESENCIAL: VOCABULARIO

Es importante leer con cuidado el **Diccionario de bolsillo** y practicar el vocabulario antes de leer el cuento. El vocabulario del **Diccionario de bolsillo** está dividido en cuatro secciones según la estructura del cuento.

DICCIONARIO DE BOLSILLO

Sección I

abarcar   incluir
       *En fin, no es posible **abarcarlo** todo.*

alentar   animar
       *¿Es que deseas alguna cosa especial? —sonrió ella, tan generosamente, que me **alentó**.*

arraigar   echar raíces una planta; *(fig.)* hacerse firmes una virtud, vicio, o costumbre
       *La idea del bien y del mal no **arraiga** fácilmente.*

chirriar   producir un sonido agudo el roce de un objeto con otro
       *Me molestaba el **chirriar** de la tiza en la pizarra.*

fechoría   acción especialmente mala
       *Sus **fechorías** lo llevarán a la cárcel.*

---

pretender	intentar (ojo: cognado falso)
	*Mi primer error fue **pretender** imitarlos.*
sonsoniquete	sonido repetido de "tac, tac, tac"
	*Sólo se oía el **sonsoniquete** de la tiza en la pizarra.*
verruga	pequeño abultamiento cutáneo benigno
	*La bruja típica tiene una **verruga** en la nariz.*

Sección II

a no ser que	a menos que
	*No me hacía caso, **a no ser que** rompiese algún objeto suyo.*
acribillar	abrir muchos agujeros en alguna cosa; producir muchas heridas o picaduras; *(fig.)* molestar mucho o con frecuencia
	*Con tantos clavos, ha **acribillado** la pared.*
	*Las abejas me **acribillaron**.*
	*Desde el momento en que llegué, me **acribilló** el deseo de salir.*
agarrarse	coger con fuerza
	*Me **agarraba** con las dos manos a los hierros forjados del balcón.*
agradar	gustar
	*Lo que más le hubiera **agradado** a mi abuelo, en esta vida, es poder inspirar terror a sus semejantes y amor a los perros.*
alcanzar	llegar a poseer lo que se busca o solicita; lograr
	*Extendió el brazo y **alcanzó** el libro de la estantería.*
alejarse	irse más lejos
	***Se alejó** durante un tiempo de la política y no se oyó nada de él.*
amenazar	dar a entender que se quiere hacer algún mal a otro
	*El abuelo **amenazaba** con los castigos más brutales, pero jamás los puso en práctica.*
añorar	recordar con pena la ausencia, privación o pérdida de una persona o cosa
	*Lo curioso es que yo no **añoraba** mi casa de la ciudad, ni a mis hermanos siquiera.*
guisar	cocinar, especialmente comida de olla
	*Cuando **guiso** ni siquiera salgo de la cocina.*
mozo de cuadra	persona que trabaja en el establo
	*Los **mozos de cuadra** les dan de comer a los caballos.*

Sección III

acoger   admitir alguien en su casa o compañía a otras personas

*Un alumno nuevo es siempre **acogido** con desconfianza.*

apedrear   tirar piedras

*El maestro estaba de pie, a la entrada de la escuela, tratando de impedir que los muchachos **apedreasen** el cartel.*

apiñarse   juntar o agrupar estrechamente

*Algunos "pájaros del frío", amoratados y tristes, **se apiñaban** en el antepecho de las ventanas, en busca de una miga de pan.*

atreverse   hacer algo arriesgado o irrespetuoso

*Pero yo no me **atreví** a despedirme.*

bambolearse   vacilar

*El maestro les amenazó a los alumnos con llamar al párroco, y pude observar cómo el pequeño mundo salvaje **se bamboleaba** un tanto.*

clamar   gritar o manifestar con vehemencia la necesidad de algo

*Una voz de entre el público **clamó** con indignación: "¡Mentira!"*

desidia   descuido, negligencia

*El tiempo y la **desidia** convirtieron el pequeño jardín en un pequeño erial lleno de papeles sucios.*

empinado   muy inclinado

*Tuvimos que pasar por el **empinado** sendero para llegar a la escuela.*

ensanchar   extender

***Ensancharon** la mesa para acomodar a cuatro personas más.*

esgrimir   sostener o manejar algo, especialmente un arma, en actitud de utilizarla contra alguien

*En el brazo izquierdo, el maestro sostenía a un niño muy pequeño, y, en la mano derecha, **esgrimía** una larga vara de avellano.*

pulir   suavizar la superficie de un objeto por medio de frotación

*Los bancos de madera, sin **pulir** y acribillados a cuchilladas, se alineaban en largas filas frente a la tarima del maestro.*

sendero   camino estrecho

*Cruzamos el bosque por un pequeño **sendero**.*

Sección IV	
advertir	llamar la atención con algo
	*Mi padre le **advirtió** que no teníamos tiempo que perder y que nos íbamos.*
enterarse	darse cuenta; adquirir algún conocimiento
	*Lo que decía aquella carta, nunca lo he sabido. Mi abuelo, ni siquiera se **enteró** de su existencia.*

INFORMACIÓN ESENCIAL: LA EXPERIENCIA PERSONAL

ACTIVIDAD INDIVIDUAL

En los Estados Unidos nos encanta leer tiras cómicas basadas en la perspectiva de los niños, especialmente de niños precoces. Escriba un comentario de una página sobre su personaje infantil de historieta predilecto y explique por qué le gusta. ¿Es precoz? ¿Tiene conflictos con los adultos de la historieta? ¿Por qué sí o por qué no? Luego lea su trabajo a sus compañeros de clase.

ACTIVIDADES COOPERATIVAS

1. Lean los trabajos de la **Actividad individual** de sus compañeros. Hagan Uds. un resumen de sus opiniones sobre estos personajes. ¿Por qué escogieron estos personajes y qué tienen en común?

2. El marco escénico (el tiempo y lugar) del cuento es la España rural de la posguerra. Piensen en cómo sería la situación económica, social, política, y cultural de la España rural de la posguerra. Imagínense la situación para los niños durante aquellos tiempos. Escriban sus ideas en la pizarra y hagan un resumen de los elementos que creen que compondrían el marco escénico del cuento.

COMPRENSIÓN DE TEXTO

Para comprender bien este cuento, deben tenerse en cuenta algunas técnicas literarias de la autora.

En primer lugar, el cuento se narra desde la perspectiva de la niña. Ella es la **voz narrativa.** El lector está "en la mente" de la niña y observa las acciones de los otros personajes y el paisaje desde esa perspectiva.

Argumento

El argumento de un cuento es el hilo de la historia, el cual se desarrolla mediante uno o más conflictos. En este cuento existe un conflicto primario que es la mala interpretación de las motivaciones y acciones de la niña por parte de los adultos. Mientras lea el cuento, apunte los conflictos menores que originan el argumento. El/la profesor/a le asignará una sección del texto sobre la que trabajar. Lea el cuento de la siguiente manera.

1. Haga una lectura rápida de su sección, sin buscar muchas palabras ni responder las preguntas de comprensión.

2. Lea el texto otra vez lentamente, buscando vocabulario en el glosario cuando sea necesario. Responda las preguntas de comprensión.

3. Lea el pasaje una vez más, rápidamente. Añada más datos a las preguntas de comprensión.

4. Compare su trabajo con los de sus compañeros.

La literatura

Ana María Matute
"Los niños buenos"

I

A veces pienso cuánto me gustaría poder viajar a través de un cerebro infantil. Por lo que recuerdo de mi propia niñez, creo debe tener cierto parecido con la paleta de un pintor loco: un caótico país de abigarrados e indisciplinados colores, donde caben infinidad de islas brillantes, lagunas rojas, costas con perfil humano, oscuros acantilados en los que se estrella el mar en una sinfonía siempre evocadora, nunca en desacorde con la imaginación. Claro está, que habría que añadir a todo esto el **sonsoniquete** de la tabla de multiplicar, el **chirriar** de la tiza en la pizarra, la asignación semanal, los lentes sin armadura del profesor de latín, el crujir de los zapatos nuevos, la ceniza del habano de papá... También rondan aquellas playas unas azules siluetas indefinidas, que tal vez representan el miedo a la noche, y una movible hilera de insectos multicolores cuya sola vista produce idéntica sensación a la experimentada junto a los hermanos menores. Y aquellas campanadas súbitas, inesperadas, que resuenan desde sabe Dios dónde, y que se espera bobamente poder contemplar grabadas en el mismo cielo. En fin, no es posible **abarcarlo** todo. Ni siquiera recordarlo.

Lo que no existe allí, ciertamente, es la absoluta comprensión del bien ni del mal. Por más fábulas rematadas en moraleja que nos hayan obligado a leer, por más cruentos castigos que se acarreen las mentiras de Juanito, por más palacios de cristal que se merezcan las pastoras buenas, la idea del bien y del mal no **arraiga** fácilmente en aquellas tierras encendidas y tiernas, como en eterna primavera. No existen niños buenos ni malos: se es niño y nada más.

No obstante, a los siete años, yo senté plaza de mala. Todo el mundo estuvo conforme en ello, y, yo misma, acabé aceptando por algo tan natural e inevitable como la caída de los dientes o la lección de verbos irregulares.

El caso es que nací cuando ya había en la casa tres varones bastante crecidos. Mi primer error fué **pretender** imitarles, seguirles a todas partes y admirarles hasta el fanatismo. Por las noches, rezaba con la ferviente esperanza de que a la mañana siguiente me vería convertida en un muchacho como ellos, y podría andar de un lado a otro con las manos hundidas en los bolsillos.

Pero mis hermanos me excluían siempre de sus diversiones, y mi humillación no tenía límites cuando se reunían los tres a contar cuentos prohibidos y me obligaban a abandonar la habitación, tras la burlona promesa de que "me los contarían todos el día de mi puesta de largo[1]".

Era inútil que yo clavase los pies en el suelo desesperadamente, que me abrazase con fuerza a sus piernas. Era inútil. Me ponían bonitamente en la puerta, la cerraban a mi espalda y allí quedaba yo golpeándola con los pies rabiosamente, con las manos e, incluso, con la cabeza.

Estas escenas, unidas a la circunstancia de que me hubieran regalado un magnífico par de patines y yo no tuviese reparo en disfrutarlos sin cansancio, pasillo arriba y abajo, crearon a mi alrededor una atmósfera poco benévola. Y colmó al fin la medida un incidente, a mi juicio trivial, pero no así al de mis padres. Hacía apenas un año que me habían ingresado en un colegio. Por compañera de banco, me correspondía una niña gordinflona, con unas mejillas tan blancas, tersas y estallantes que yo experimentaba la imperiosa necesidad de escribir en ellas algo, con plumilla afilada y tinta muy negra. Este deseo me obsesionaba, me dominaba. La niña aquella, era lo que se llama una criatura pacífica, cuya única travesura consistía en dibujar al borde de los libros unos muñequitos de elementales trazos, muy expresivos y regocijantes. A mí no me hacía demasiado caso, casi puede decirse que me ignoraba, y la paz reinaba en nuestro pupitre. Pero, un día, se quedó un buen rato mirándome fijo con sus ojillos de porcelana, y dijo, inespe-

> ## No existen niños buenos ni malos: se es niño y nada más.

1. fiesta de presentación en sociedad

radamente, que yo me parecía al hijo del gitano. Desde luego no me sentí ofendida, porque no sabía quién podía ser el hijo del gitano. Pero no sé por qué creí que aquellas palabras me concedían un cierto derecho sobre ella. Mojé mi pluma en el tintero y, antes de que ella pudiera defenderse, le estampé en la cara mis iniciales con verdadera fruición.

Poco después, ella lloraba a lágrima viva, y yo me sentía arrastrada por un brazo hasta el despacho de la superiora.

La superiora era una mujer alta, gruesa y bondadosa, con una voz tan dulce que invitaba al sueño. Aquella habitación, que no sé por qué llamaban "el despacho," con sus azules cortinas medio veladas, tenía un algo melancólico que encogía el ánimo y me hundía en las reflexiones más amargas. Pocas veces había entrado allí, pero siempre la luz amarillenta del sol, bailoteando a través de los gruesos visillos, me predisponía a la tristeza.

La superiora tenía en la punta de la nariz una **verruga** sencillamente alucinante, que impedía prestar atención a sus palabras. De pronto, deseé poseer una igual. ¡Con qué envidia, con qué estupor y admiración me habrían contemplado entonces mis hermanos! —pensé— ¡Cómo hubiera atraído su atención, si una mañana apareciese con una

La superiora tenía en la punta de la nariz una verruga sencillamente alucinante, que impedía prestar atención a sus palabras.

gruesa y brillante verruga, allí, justa y precisamente en la nariz!

Pero aquellos refinados placeres me eran negados. Yo no poseía un lunar de pelo, ni un diente de oro, ni siquiera una de esas deliciosas manchitas rojas en la piel. No, no. Yo sería siempre sosa y fea, desprovista de todo adorno interesante. Mis hermanos —mis ídolos—, no me prestarían nunca más atención que a una mosca. Para ellos, durante toda mi vida, sería una niña pequeña a la que era preciso arrojar de las habitaciones, porque existían historias que no estaban a mi alcance. Del mismo modo que existía un lenguaje vedado para mí, el mundo estaba plagado de cosas atractivas y extraordinarias que me serían siempre negadas: precisamente todo aquello que presentaba un ápice de interés a mis ojos. Esto pensaba yo, amarga y confusamente, cuando ella dijo:

—Veo que, por lo menos, estás arrepentida de tu conducta.

—¿Qué conducta...? —pregunté bebiéndome las lágrimas.

—Y como veo que lloras...

Entonces doblé la cabeza y empecé a sollozar con todas mis fuerzas. La superiora había terminado su discurso, me atrajo hacia su pecho y trató de consolarme.

—Ya está bien. Ya está bien —decía con dulzura. A mí me costaba llorar, pero cuando empezaba era cosa de temer. Además, su verruga estaba tan cercana, tan próxima y rosada, que intensificaba mi amargura.

—Si por lo menos —dije, entrecortadamente—, si por lo menos tuviese una igual...

—¿Es que deseas alguna cosa especial? —sonrió ella, tan generosamente, que me **alentó.** Empecé a enredar los dedos en mi cabello, con una rara esperanza, mientras contemplaba cómo saltaban las lágrimas hasta mi cuello almidonado, como bolitas de cristal.

—Dime —insistía ella—, no debes callar tus penas... ¿Qué es lo que deseas?

—Una verruga como la suya, Madame —me decidí al fin.

Yo misma, inocentemente, llevé a casa aquella carta en que se advertía a mis padres que yo era una niña mala, descarada y rebelde. El Colegio declinaba la responsabilidad de educarme.

Aquello produjo un gran revuelo de indignación. Fue entonces, cuando se tomó la decisión extrema: iban a enviarme con el abuelo. Posiblemente, aquello hubiera supuesto una recompensa para otras criaturas. Unas vacaciones en las montañas deben tener, con seguridad, sus atractivos. Pero daba la coincidencia de que por entonces yo sólo conocía a mi abuelo por referencias nada tranquilizadoras. Siempre nos fue citado como modelo de rígidos educadores, y, en casa, era frecuente oír comentar, tras alguna **fechoría** de los chicos:

—A ti te convendría una temporadita en el campo, con el abuelo...

Las perspectivas no eran precisamente seductoras. El abuelo y su adusta casa de las montañas, eran, por entonces, fantasmas aún más temibles por desconocidos. Supliqué, amenacé y prometí —aunque en realidad no sabía lo que se me exigía—, pero de nada me sirvió.

Así, pues, llegó el día en que entré por primera vez en su casa. Fue una mañana nubosa, tras un largo y fatigado viaje.

Le vi a él. Estaba sentado junto a las llamas, en aquel hogar de la sala, encendido hasta los últimos días de primavera, que me recordaba un cuadro de las ánimas que había visto en alguna iglesia.

—Aquí está la manzana sana de la familia —dijo, señalándome con un dedo acusador. Luego, estuvo contemplándome largo rato. Como quien mira un nido caído.

> Lo que más le hubiera agradado a mi abuelo, en esta vida, es poder inspirar terror a sus semejantes y amor a los perros.

II

Mi abuelo no creía en Dios, pero siempre estaba blasfemando. Era un hombre muy alto, con manos rojas y ojos azules. Conservaba el color negro de su cabello, abundante y retorcido en millares de anillas, que se pegaban húmedamente a sus sienes. El día en que perdió su último diente, desterró la sonrisa de sus costumbres. Únicamente, y muy de tarde en tarde, se reía ásperamente, en bruscas sacudidas.

Lo que más le hubiera **agradado** a mi abuelo, en esta vida, es poder inspirar terror a sus semejantes y amor a los perros. Pero pronto pude darme cuenta de que nunca consiguió ni lo uno ni lo otro, pese a que su casa estaba llena de ladridos y la aldea entera le debía dinero. Un niño se da cuenta en seguida de estas debilidades, si bien, el cómo y el porqué es para mí un enigma. Yo no sabré nunca el motivo por el cual perdí, casi en seguida, todo vestigio de temor ante mi abuelo.

Del mismo modo, sus deudores —pese a saber que de un solo plumazo les hubiera hundido— se permitían reírse de él y ridiculizar su andar y sus gestos. Aseguraban que mi abuelo quería purificar las costumbres de la aldea y matar al párroco.

Gritaba tanto, que su voz podía confundirse con la de la tempestad, y gesticulaba bárbaramente aunque sólo fuese para asegurar que llovería. Los perros le enseñaban los dientes y babeaban tras sus talones. Él, juraba y juraba que entendía bien su lenguaje.

A menudo, sus hijos le escribían instándole a que abandonase las tierras y fuese a vivir a la ciudad. Pero él prefería arrastrar el bronco cortejo de sus años por aquellas habitaciones sombrías, contemplar las aves emigrantes, presentir el verano.

La casa era enorme, desconsideradamente grande, con las puertas llenas de clavos mohosos y toscos escudos de piedra verdosa en la fachada. Siempre hacía frío allí dentro, y, como llueve tanto en aquella

tierra, trepaba el musgo por los desgastados bancos. Caso curioso: en los balcones de aquella casa crece la hierba también. No comprendo este milagro. Aunque, en realidad, allí todo era un milagro, empezando por mi vida misma. Me **agarraba** con las dos manos a los hierros forjados del balcón, y podía contemplar, allá abajo, el oro vívido del agua, como llorando entre el cañaveral. En la casa de mi abuelo, no había una sola criada, para evitar la maledicencia enfermedad crónica de aquella tierra —y le servían únicamente dos **mozos de cuadra,** y un viejo "sábelotodo", que en sus buenos tiempos acompañaba de caza a mi abuelo y ahora **guisaba** para él. Se llamaba Lobo. Los domingos, fregaba las baldosas del suelo, con gesto de grumete, y cocía pan. Era un viejo pícaro y marrullero, que había logrado las llaves de la bodega y contaba irreverencias a propósito de Noé para ganar la difícil risa de mi abuelo. Era el único que fingía temerle, pero intuí que era el verdadero amo de aquella casa. Y le admiré.

No puedo mentir ahora, diciendo que yo sufrí entre aquellas paredes, en aquel lugar y entre aquellas gentes. No puedo decir lo que no es cierto. Mi abuelo, hacía ya muchos años que dejó de tratar con muchachos pequeños. Yo era para él como un vestigio lejano de sí mismo, a quien ni siquiera **alcanzaba** su afecto. La verdad es que no me molestaba lo más mínimo, **a no ser que** me interpusiera entre él y los objetos de su

> Yo era para él como un vestigio lejano de sí mismo, a quien ni siquiera alcanzaba su afecto.

pertenencia o rompiese algún cacharro. Me habían dicho que era un hombre duro, incapaz de soportar cualquier atisbo de "genialidad" infantil, y probablemente era cierto. Pero su impaciencia e intolerancia no pasaban nunca de aquellas feroces explosiones verbales. Amenazaba con los castigos más brutales, pero jamás los puso en práctica. Aquel famoso y viejo método de golpear los nudillos con un junco, que tantas veces había oído comentar a mi padre, no apareció por ninguna parte.

Tenía yo, pues, absoluta libertad para vagabundear por el huerto, para tirar piedras al pozo, perseguir a las lagartijas e incluso acariciar el cuello de los viejos caballos inútiles que mi abuelo conservaba en el establo. Podía, también, echar a correr montaña arriba, hasta la misma entrada de los bosques negros, y allí detenerme intimidada, desbordando supersticiones. Podía bañarme en el río, trepar a las ramas bajas de los árboles y cavar zanjas gratuitas en la tierra mojada y olorosa.

> **Empañé el cristal con mi respiración, y escribí con el dedo: "Abuelo tonto, viejo, loco".**

Pero el caso es que yo no amé aquella tierra, ni amé al abuelo, ni a su casa tampoco. Desde el instante en que mis pies rozaron aquel suelo, me **acribilló** el deseo de abandonarlo cuanto antes, con una prisa hormigueante que no me dejaba vivir. Este deseo, no me abandonó, porque aquella tierra y aquel abuelo me habían sido impuestos, y esto bastaba para desear liberarme de ellos. Por más dulce que se mostrase la hierba, por más radiantes que se prendieran los incendios del otoño, por más que yo no había visto nunca un cielo tan lleno de países como aquel, deseaba marcharme, irme de allí.

El abuelo tenía seguramente demasiados recuerdos para detenerse a pensar en mí. Era muy grande la distancia de nuestros años. El tiempo había cavado un gran silencio entre nosotros dos, y no teníamos nada que decirnos. Durante las comidas, me miraba, a veces, con cierta curiosidad. En una ocasión, se quejó, diciendo:
—En esto he ido a parar yo...

Una de las escenas que más claramente me demostraron qué poco respeto inspiraba mi abuelo a los habitantes de la aldea, fue la siguiente: Unos muchachos mataron un corzo, y ensartándolo en un palo lo cargaron en hombros y vinieron a gritar debajo de nuestros balcones. Estaban borrachos, y empezaron a cantar una grosera canción, alusiva a un viejo cazador que erraba todos los tiros y contaba luego grandes mentiras sobre sus andanzas de caza. Poco les faltó para nombrar directamente a mi abuelo. La lluvia les resbalaba por la cara, se les metía por el cuello de la camisa, y ellos seguían cantando, riéndose y bamboleándose. Noté cómo el abuelo se ponía nervioso, porque aquello le debía herir muy vivo. Recuerdo que había una gotera en el techo y hacía ¡clop! ¡clop! contra la mesa de madera, mientras el fuego chisporroteaba. Pero mi abuelo simulaba no oír nada, y, de cuando en cuando, se encogía de hombros como un niño. Un raro malestar me invadió, a pesar de que todo aquello era muy confuso para mí, y salí de la habitación.

Detrás de la puerta, encontré a Lobo, escuchando y tapándose la boca con la mano para impedir las carcajadas.

—Tú no le quieres tampoco —dije yo entonces, riendo y tirándole de la ropa—. Tú no le quieres tampoco...

El me **amenazó** con la mano abierta, como si deseara aplastarme y bajó corriendo la escalera.

Aquello afirmó mis sospechas de que mi abuelo era un ser grotesco y ridículo, de quien yo debía **alejarme,** fuese como fuese. Luego, la canción cesó. Los borrachos se habían cansado y, allí abajo, en el barro de la calle, sólo quedaban sus huellas revueltas en un charco de agua y de sangre. Empañé el cristal con mi respiración, y escribí con el dedo: "Abuelo tonto, viejo, loco".

Después, eché a correr, ocultando mi risa, como Lobo. Al llegar la noche, cuando los muebles tomaban un contorno amenazador, Lobo se embriagaba y cantaba, escondido debajo de la escalera, una tonada triste y arrastrada. Yo encendía una vela e iba a acostarme, dándole vueltas al proyecto de evadirme de allí. Lo curioso es que yo no **añoraba** mi casa de la ciudad, ni a mis hermanos siquiera. Ni me entristecía, tampoco, la melodía del viejo hipócrita, sino que, por el contrario, todo aquello me cosquilleaba en la nuca deliciosamente.

Por eso, digo que me gustaría viajar por los innumerables países que forman un cerebro infantil. En aquella casa y entre aquella gente, yo hubiera podido ser muy feliz.

III

Poco después, como ya estaba tomando el suelo un oscuro tinte friolero, la escuela del pueblo volvió a abrir sus puertas. Por entonces, llegó una extensa carta de mis padres, sugiriendo la conveniencia de mi asistencia a ella: "...así podrá apreciar por sí misma la diferencia que va de un colegio como el que nosotros le habíamos procurado a una de esas escuelas donde tantos niños menos afortunados...", etc. Y añadían que, para niña mala y descarada como yo, esta experiencia sería muy útil. La idea era excelente y pedagógica. Mi abuelo leyó la carta en voz alta, detenidamente. Luego, la arrojó al fuego, sacudió la ceniza de su pipa y quedó pensativo.

—¿Voy a ir a la escuela?—pregunté.

—Está bien —dijo—, pero como me vengan quejas de allí, te juro que me haré un cinturón con tiras de tu piel.

La escuela era una casa cuadrada, con paredes bastante bien encaladas, lo que la hacía resaltar blancamente del resto de la aldea. Rodeábala un terreno desolado que, tal vez, en un principio fuese destinado a jardín de recreo, pero que el tiempo y la **desidia** convirtieron en un pequeño erial por donde el viento arrastraba papeles sucios y arrugados. Algunos "pájaros del frío", amoratados

> **Algunos "pájaros del frío", amoratados y tristes, se apiñaban en el antepecho de las ventanas...**

y tristes, se **apiñaban** en el antepecho de las ventanas, en busca de una miga de pan.

El techo de la escuela era de paja y vigas, lavado y mustio por las lluvias. Me acuerdo de que, por un extremo, colgaba un nido seco y muerto.

Sobre la puerta, el maestro había clavado un letrero, que decía patéticamente:

Se agradecerán las clases particulares
Todos los días, de 6 a 8
No importan domingos

Lo de los domingos aparecía medio tachado, sin duda por orden del párroco.

El día en que yo acudía por primera vez, la hierba que iba pisando estaba enfangada y el **empinado sendero** que llevaba a la escuela era de un cobre encendido, contrastando casi dolorosamente con aquel gris del cielo. Fue como si ante mis ojos deslumbrados se extendiera el abanico de unos naipes fantásticos, donde se mezclaban las rojas huellas del camino, los duendes de ojos violeta que suponía ocultos en el granero, los niños rapados de la aldea que **apedreaban** mi presencia.

A quien primero vi fue al maestro, y nunca, mientras viva, lo olvidaré. Se trataba de un hombre flaco y larguirucho, con la frente abultada y cabellos tan despeinados que prestaban un nimbo de locura a su cabeza. Llevaba un traje muy raído, con grandes piezas de tela más oscura en los codos y las rodillas. Estaba de pie, a la entrada de la escuela, tratando de impedir que los muchachos apedreasen el cartel. Tenía unos ojos brillantes, casi febriles, y en aquel momento aparecía rojo de ira, mientras chillaba, a los chicos: "¡Orden, orden!". En el brazo izquierdo, sostenía a un niño muy pequeño, y, en la mano derecha, **esgrimía** una larga vara de avellano. El niño iba sucio y descalzo, con cuatro dedos enterrados en la boca. De cuando en cuando, pasaba la mano ensalivada por la cara de su padre.

Más tarde, pude ver como aquel hombre pasaba el día entero con su hijo en brazos. Iba y venía por las calles del pueblo cargado con la criatura, sorprendiendo el paso de los campesinos con las explosiones de ira con que **clamaba** al cielo, sediento de justicia. Su cartel no tenía éxito en la aldea: nadie deseaba **ensanchar** el campo de sus conocimientos, ni siquiera por la módica suma de un duro la lección.

Un alumno nuevo es siempre **acogido** con recelo. Pero, por aquellas criaturas, fui recibida con franca hostilidad. Mi vestido, sobre todo, fue objeto de las burlas generales. Me lo mancharon de barro, me escupieron y me dieron tirones de cabello. No obstante, el maestro les amenazó con llamar al párroco, y pude observar cómo el pequeño mundo salvaje **se bamboleaba** un tanto. El párroco era allí una figura muy temida.

Al fin, entramos todos, con relativa paz. Afuera, sólo quedó un perrito negro y feo, que se puso a llorar debajo de una ventana.

La escuela constaba de una sola planta, capaz de contener unos cincuenta niños. Los bancos de madera, sin **pulir** y acribillados a cuchilladas, se alineaban en largas filas frente a la tarima del maestro. Los tinteros parecían pequeños pozos misteriosos: soplando dentro, se levantaba un polvillo morado, que ensuciaba la cara gratamente y se metía por los ojos. Alguien levantó por una punta uno de los cromos que colgaban de la pared, y se oyó un zumbido de moscas negras y gruesas que salieron volando torpemente ante el regocijo general: "porque estaban borrachas".

Junto al pupitre del maestro, había una especie de cestillo, donde dejó al niño. Después, pasó la manga sobre los libros para quitarles el polvo y golpeó el tablero con la vara para atraerse la atención.

Todo era tan nuevo, tan angustioso y maravillosamente nuevo para mí, que permanecí quieta y encogida, con las manos sobre las rodillas. Tan verde y vivo era el paisaje de aquel mundo primitivo, que aún siento con qué sed me bebía los colores, los sonidos, las imágenes. Del techo, pendían tres bombillas en fila india. Las paredes aparecían manchadas de humedad, formando extraños mapas por los que era grato dejar correr la imaginación. Se puso a llover, otra vez. ¡Qué dulce y cosquilleante música la del agua tamborileando sobre el metal del canalón! ¡Qué íntima y perezosa música, en la mañana gris, tras las ventanas! Afuera, en el prado, un chico corría con un palo levantado sobre la cabeza, como un abanderado.

En un ángulo, había una vitrina donde se guardaban *los polígonos,* confeccionados pacientemente por el maestro con cartulina y goma, y coloreados durante la clase de gramática. También se guardaba allí "El Quijote", "al alcance de los niños", y otro "sólo para maestros". Los cromos de las paredes, poco respetados por las moscas, representaban bien intencionadas escenas de La Biblia.

El maestro abrió un cuaderno y empezó a pasar lista. Tenía unas manos largas y pálidas, casi femeninas, que resaltaban, extrañamente luminosas, sobre la madera negra del pupitre. De cuando en cuando, se interrumpía. Su pecho se contraía dolorosamente sacudido, y apretaba un pañuelo contra los labios. Entonces, nos miraba con ojos de bestia acorralada y, con la mano libre, levantaba la vara para castigar al que descubriese riéndose de su tos.

Yo estaba sentada en una de las primeras filas. Al poco rato, me llamó por señas.
—¿Cómo te llamas?

Se lo dije, y escribió mi nombre en el cuaderno. No es fácil olvidar la expresión alucinada de sus pupilas, extrañamente cercadas de amarillo. De pronto, se inclinó a mí y me preguntó, en voz baja, por qué había ido a parar a aquella escuela.
—Porque soy mala.
—¿Dónde has nacido?

Pero él ya debía saberlo de sobra. Sin esperar mi respuesta, empezó a hablar exaltadamente de mi ciudad natal, casi exasperado.

Decía, con las palabras más pomposas y rebuscadas, que era la ciudad más bella de la Península, pero yo casi no le entendía. Luego se interrumpió, me miró con desaliento, y quiso saber cuántos años tenía.
—Voy a cumplir ocho.
—¿Cuándo?
—El año que viene.
—Entonces, tienes siete nada más —dijo, y volvió a inclinar su rostro hacia el mío—.

> **...con la mano libre, levantaba la vara para castigar al que descubriese riéndose de su tos.**

¿Entiendes lo que yo digo? ¿De qué te estoy hablando?

—Decía que el mar le gustaba...

—¿Y qué más? ¿Qué más...?

Pero yo no sabía ya qué responder. Me acarició los hombros y volvió a hacerme las preguntas más estrambóticas: cómo eran mis padres, como se llamaba la calle donde yo vivía en la ciudad, cómo era aquella casa y los cuadros de las paredes, y las cortinas. Después, se quedó un instante callado y pensativo. Volvió a llevarse el pañuelo a los labios y me hizo señas de que me alejase.

A media mañana, le trajeron una escudilla de barro y una cuchara de madera. Levantó la tapa y se le medio borró el rostro tras una nube de vapor. Empezó a comer muy despacio, avanzando mucho el labio inferior.

Rompí el papel en pequeños fragmentos, que se quedaron temblando en el viento como un enjambre blanco.

En aquel momento estábamos un grupito de diez niños leyendo en voz alta a su alrededor. A la legua, se notaba cuánta satisfacción producía entre los alumnos la contemplación de aquel espectáculo. Eran frecuentes las interrupciones por su causa, pero él ni siquiera lo notaba. Por su parte, aprovechaba los silencios para quejarse en voz alta, diciendo poco más o menos:

—¡Qué vergüenza, qué vergüenza! ¿Es esta comida decente para un hombre? ¿Estas porquerías han de alimentar a un hombre con tres hijos, esposa y madre a quien mantener? ¡Y, por Pascua, jugaré diez pesetas en la rifa y el cordero no me tocará! ¿Es que no vivirá nunca la justicia entre los hijos de los hombres? ¡Señor, Señor! ¿Por qué esta justicia? ¿Por qué unos tanto y otros tan poco? ¡Maldita sea, cómo abrasa el paladar! Como siempre, han abusado de la pimienta. ¿Por qué me pudro yo en esta cuadra? ¿Quién me mandó a mí quemarme las pestañas en los libros, y tratar de ilustrar a estos brutos malignos, si vendiendo anzuelos en mi pueblo viviría ahora como un sultán?

Al final, cogía el plato con las dos manos, se bebía así el caldo y se frotaba después los labios con el mismo sucio pañuelo que le servía para sofocarse la tos.

Poco antes de marcharnos a casa, me llamó de nuevo y me explicó con muchos pormenores que él había nacido en un pueblo marítimo, justamente al lado del embarcadero.

—Teníamos una tienda de arreos para pesca—concluyó—. Luego, me dijo que esperara un instante, porque tenía que escribir una nota para mi abuelo.

Estuvo algún rato escribiendo y rompiendo papel. Al fin, me entregó un billetito bien doblado.

—Necesito contestación esta misma tarde —me dijo—. No lo olvides: esta misma tarde.

En cuanto me hallé de nuevo en el sendero, desdoblé el papel y leí:

"No es nada conveniente para la niña el trato con estas sucias y perversas criaturas. Por otra parte, la humedad de la escuela puede perjudicar su salud: por desgracia bien sé yo de esto, pero nadie atiende a mis quejas. Las goteras no se taponan como es debido, ni se sustituye este techo de paja por un buen tejado. Otra cosa sería, si se tratase de un nuevo cobertizo para los cerdos, ¿no es así? Pues bien, yo me ofrezco a dar lecciones a la niña en su misma casa. No me importa acudir todos los días a la hora que usted tenga por conveniente. La instrucción de una niña es muy importante, como usted no ignora, señor. No regatearemos sacrificios.

No dudando de que mi proposición tendrá una excelente acogida, queda de usted afectísimo,
León Israel
Maestro titular de la Villa
P.D.—Su nieta es una niña buena."

Por un momento me detuve, indecisa y desconcertada. Luego, imaginé el tormento de las lecciones en casa del abuelo, sin posibilidades de evasión. No como en aquella maravillosa escuela, donde el más insignificante objeto contenía insospechados mundos donde poder refugiar la imaginación.

Por primera vez, tuve conciencia del mal, precisamente en el instante en que a alguien se le ocurría decir que yo era una niña buena. Rompí el papel en pequeños fragmentos, que se quedaron temblando en el viento como un enjambre blanco. Siempre he creído que allí, en aquel camino fangoso, perdí la infancia.

A la hora de comer, cuando me hallaba sentada frente al abuelo, dije:
—El maestro quiere venir aquí todos los días.
—¿Qué quiere hacer aquí ese loco de atar?
—Me dió un recado para ti.
—También yo tengo uno para él: ¿Qué ha sido del trigo que le presté ¿Qué hizo de él y del dinero?
—Dice que si tú quieres me dará lecciones particulares...
—¿A cuenta de sus deudas, eh? ¡El diablo le lleve, a mí no me tomará el pelo! ¿Es que acaso no aprendes en la escuela bastante?
—Sí, sí. Aprendo muy bien.
—¿Qué es, pues, lo que quieres? ¿Prefieres dar clase aquí en vez de allí?
—Yo no quiero nada, abuelo, te lo juro. Pero él...
—Si allí aprendes bastante, no sé a qué viene eso. Es un pícaro tramposo, que me debe más de mil reales.
—Quiere una contestación, con prisa. Tiene mucha prisa siempre.
—¡Prisa de mal pagador! Todos somos buenos para pedir.
—Le tengo que llevar una contestación... *tuya.*
—La tendrá. Y buena.

El corazón me bailaba de contento. Pero sabía que no me portaba bien y que, si no hubiera roto la nota del maestro, tal vez las cosas hubieran ocurrido de otro modo distinto.

> ¡Señor, Señor! ¿Por qué esta justicia? ¿Por qué unos tanto y otros tan poco?

Después, dije al abuelo que los chicos de la escuela se reían de mi vestido.

—¿Pues, qué quieres ponerte? ¿Cuándo me dejarás tranquilo?

—Quiero ponerme un pantalón de pana y unas botas.

—Está bien. Dile a Lobo que te busque algo por ahí.

Al día siguiente, mi indumentaria no tenía nada que envidiar a la de un muchacho que se dedicaba a barrer los establos por cincuenta céntimos y se paseaba por las calles con su escobón al hombro. Se la habíamos comprado a él mismo.

El maestro me esperaba con demasiada impaciencia para sorprenderse de mi aspecto. Me acerqué a su pupitre y le dejé un papel doblado, donde mi abuelo había escrito sencillamente: "NO".

Se quedó pensativo, con el papel en las manos. Luego lo arrugó y lo tiró al suelo. No dijo nada, pero estuvo toda la mañana coloreando pirámides de cartón con manos temblorosas. De cuando en cuando, me miraba. Pero ni siquiera parecía advertir las burlas de los muchachos, que eran aún mucho mayores. Precisamente entonces, fue cuando empezaron a llamarme "El General Tontaina[2]".

A la salida de la escuela, el maestro se acercó y me cogió la mano. El niño se había dormido, con la cabeza doblada sobre el hombro de su padre. Le seguí, arrastrando los pies, con un vago temor.

...le dejé un papel doblado, donde mi abuelo había escrito sencillamente: "NO".

Me llevó hasta el lindero del camino que atravesaba las tierras de mi abuelo. Unos hombres araban el suelo, tras las vacas negras, y sus breves gritos sacudían el tedio de la mañana como pequeños latigazos casi visibles en el aire.

—Todo esto es de él —dijo—. Todo esto y casi la aldea entera. Pero el viejo avaro te viste como al último de sus criados, indecorosamente. Y ¿por qué te expone a los malos ejemplos de esas "larvas de campesino"; a esa humedad que nos está matando a todos? ¿Por qué no consiente en proporcionarte una instrucción adecuada?

—No quiere, no quiere —me apresuré a decir, con los puños apretados—. Es inútil que intente usted hablarle. Se enfadará y echará lumbre por la boca, como dice Lobo.

—¡Ah!... Lumbre por la boca, ¿verdad?

—Así hace, porque jura y maldice...

—¡Qué ejemplos! ¡Qué ejemplos!

—Le juro que eso de las clases no lo quiere.

Pero me guardé muy bien de añadir: "Ni yo tampoco".

—Viejo avaro, egoísta, mal cristiano —dijo él, furioso—. Y escupió al suelo. ¿Es justo esto? ¿Es justo?

Le entró una de aquellas locas exaltaciones que le hacían brillar los ojos y enrojecer la piel. El niño se despertó asustado. Y empezó a llorar y a pegarle en la cabeza. Pero él parecía no notarlo siquiera, paseando de arriba abajo por el borde del sendero.

---

2. *Silly General*

—¿Por qué, Señor, existe gente así? ¿De qué me sirvió a mí toda mi juventud sacrificada, de qué me sirvieron mis ilusiones, mis esperanzas? ¡Tenemos hambre, Señor, tenemos hambre! ¿Es que no oyes a cada instante, a cada minuto, que tenemos hambre? ¡Y ya sé, ya sé que en casa se me mira con reproche, se me exige, como si yo tuviese la culpa! Pero yo, ¿qué puedo hacer ¿Qué puedo hacer? ¿Quieres decirme Tú, Señor, decirme qué puedo hacer?

Aquel: "¿Es justo, es justo?" vivía continuamente en sus palabras, en sus gestos, en su misma tos.

—¡Y, ese viejo ignorante y blasfemo, pudriéndose en oro…!

Abrí los ojos ante aquellas palabras: ¿dónde guardaría el oro mi abuelo? No sé por qué, recordé el granero lleno de mazorcas, rojas de sol.

—¿Para qué querrá su dinero? ¿Para quién guardará su condenada tierra? ¡Así se le hiele la cosecha, así se le hunda la casa y se le mueran todos los perros!

Lo de los perros, sí que lo hubiera sentido.

—Y, aquí, esta pobre criatura inocente. ¿Qué ejemplos para ella, los de aquella casa? ¿Cómo crecerá esta pobre bestezuela?

La "bestezuela" empezó a clavar los talones en la blanda tierra, porque necesitaba desahogar la maligna alegría de su corazón. Algo había despertado en mí, advirtiéndome que había hallado en el maestro un aliado. Presentía que, pronto, gracias a él, podría abandonar, por fin, aquella tierra.

En seguida, me di cuenta de que era ciego, por el modo de levantar los ojos hacia la voz de su padre.

—Ven conmigo, ángel de Dios —me dijo.

Entonces, me llevó a su casa. Tenía alquiladas dos habitaciones sobre la tienda de la aldea. En la tienda, vendían esparto, velas, lazos para cazar en época de veda y pedazos de neumático para confeccionarse calzado. También había allí, desde sabe Dios cuánto tiempo atrás, un barril de aceitunas.

El tendero era un hombre chato que apestaba a aguardiente. Como la tienda lindaba tabique por medio con una de las tabernas del pueblo, había mandado practicar en la pared una ventanita giratoria por donde podía asomar la cabeza y pedir con toda comodidad:

—Otra.

De este modo, el tabernero le servía copa tras copa, y se evitaba muchos viajes.

Aquel día, estaba sentado en el suelo, con un gato en las rodillas y la gorra echada sobre los ojos. El maestro lo zarandeó para despertarle y gritar señalándome:

—¡Ahí la tienes! ¡Nadie diría que es la nieta del viejo! Haraposa y descuidada, cuando él podría forrarnos a todos de platino. ¡De platino, he dicho, sí señor, de platino! Voy a ocuparme yo de su instrucción, sin cobrar un céntimo, porque me da pena. No tengo corazón para estas cosas. ¿Qué opinas tú de los seres como el abuelo de esta inocente? ¿Qué piensas tú de ese...?

El tendero levantó su visera con dedos perezosos y me miró.

—Es un "atrasao" —comentó, bostezando.

El maestro aún continuó un buen rato vociferando las injusticias de mi abuelo, su avaricia, su ridiculez y su mala lengua. La verdad, es que nadie le hacía demasiado caso. Pero, la mujer del tendero, y dos o tres parroquianas que allí había, me miraron con curiosidad y cierta compasión.

Al fin, subimos arriba. Las habitaciones estaban impregnadas del olor de la tienda, y aparecían los muebles amontonados en el reducidísimo espacio. Se notaba que habían

No obstante en mi alma había remordimientos y conciencia del mal.

sido construidos con vistas a un porvenir mucho más desahogado. Por eso, daba aún más tristeza contemplar cómo se hacinaban allí toda clase de objetos: libros, vajilla, zapatos, ropa. Había dos camas, que llenaban casi toda la vivienda, y en una de ellas permanecía acostada la madre del maestro, con su pañuelo anudado a la cabeza. Estaba paralítica y medio tonta, mirando rígidamente frente a sí, mientras su nuera, con un niño de pocos meses atado a la espalda, le daba de comer. Una ventana muy pequeña robaba un poco de luz a la callejuela gris.

Aún tenía otro hijo el maestro, el mayor de los tres. En seguida, me di cuenta de que era ciego, por el modo de levantar los ojos hacia la voz de su padre. Tendría unos cuatro años.

La mujer del maestro era joven, con grandes ojos negros y cabellos muy lacios que se enroscaban en largas tiras en torno a su cuello. Cuando su marido le mostró mi mal vestida persona, me miró con indiferencia y continuó en silencio, metiendo la cuchara en la boca de la vieja. Entonces, el maestro volvió a enfurecerse. Se puso a dar cortos paseos por el breve espacio libre, y a decir:

—¿Qué creerás que ha contestado ese granuja? Pues ha contestado con toda su grosería: "No"... ¡Eso ha hecho! ¡Eso ha hecho, conmigo: con un hombre que podría estarle descubriendo a él cosas durante diez años! ¿Por qué te callas? ¿Crees, acaso, que no sé lo que piensas tú también?
¿Crees que no adivino tu pensamiento? ¡Qué mala suerte hiciste conmigo! ¿Verdad? ¡Anda, mujer, anda! dímelo tú, de una vez! No puedo soportar ese silencio de víctima. Sé bien que estás ya harta de mí; eres joven, márchate. Déjanos a los niños y a mí en este cementerio y vete. ¿A qué esperas? ¡Yo no te retengo! ¡Vete, vete de una vez!

Pero la mujer no decía nada. Terminó de dar de comer a la anciana. Se levantó y pasó a la otra habitación.

—Siéntate —me dijo entonces el maestro, con la respiración agitada—. Obedecí y él abrió un libro. Estuvo leyéndome en voz alta algunos pasajes de la Sagrada Biblia. El niño ciego se sentó a sus pies, siempre con aquella mirada alzada que parecía contemplar la voz.

Yo me aburría soberanamente, pero no **me atreví** a marcharme. Al cabo de un rato, la mujer apareció en la puerta y apoyó en el marco la cabeza, mirándonos, con las pestañas brillantes de lágrimas. El maestro lo advirtió y cerró el libro de golpe:

—Anda, vete —me dijo—. Vete y dile a tu abuelo que te he dado una clase "especial". No pienso cobrarla. No pienso cobrar nada. ¿Oyes?

Me marché a escape. Pero a mi abuelo no le dije nada. Ni aquel día ni los siguientes. Aunque el maestro me distinguía a mí de las "larvas de campesino", y me llevaba a su casa a leerme el Evangelio o la Historia de España.

Poco a poco, las gentes decían, al vernos:

—Ese viejo usurero, ¿es que no tiene corazón ni vergüenza? Los pobres son más caritativos que los ricos. ¿No veis cómo va vestida la infeliz? ¡Y el pobre don León, ocupándose gratuitamente de su educación!

Pero mi abuelo no se enteraba de nada.

Pocos días después, cuando el maestro había terminado su refrigerio de media mañana, me llamó para que devolviese el plato a su casa. Este cargo era muy codiciado en la escuela, puesto que daba motivo de entretenerse en el río, precisamente a la hora que las ranas se extendían confiadamente en las piedras de la orilla.

No sé por qué, en cuanto llegué a la calle se me ocurrió probar aquel residuo de caldo rojizo que había quedado en el fondo de la escudilla, por ver si era verdad que habían abusado de la pimienta. Estaba entretenida en esto, cuando pasó el tendero y me vió.

—¿Qué haces desgraciada?

Enrojecí y traté de esconder la cara; pero él se puso a gritar:

> **"Me la llevaré conmigo, la esconderé debajo de la cama y será mía y bien mía para siempre"**

—¿Es que tienes hambre? ¿Acaso te hace padecer hambre, también?

Y yo no respondí. Las mujeres que estaban lavando en el río, lo oyeron y empezaron a trazar cruces sobre su frente y su pecho.

Cuando el maestro se enteró, no desaprovechó la ocasión de pregonarlo por la aldea entera: "Además de vestirme mal, mi abuelo me hacia pasar hambre".

Y yo bajaba la cabeza, y no le desmentía. Porque el mal ya no era un mito para mí.

En tanto, el pobre abuelo continuaba amenazando al mundo a gritos, prestando dinero y tierras con aire de usurero, pero sin cobrarse jamás, perdiendo dinero y tratando de ganarse la fidelidad de los perros. No obstante en mi alma había remordimientos y conciencia del mal. Me sabía culpable, y, por las noches, me cubría la cabeza con el embozo de las sábanas, porqué empecé a tener miedo del infierno.

Un día, llegaron unos hombres a la aldea, conduciendo un anacrónico y destartalado camión. Pararon en la carretera, a la hora en que salíamos los muchachos de la escuela. Eran dos tipos jóvenes y rechonchos que merecían haber nacido hermanos. Llevaban monos azules y el cabello reluciente de petróleo.

—¡Atención, gentes de buena voluntad! —chillaron en medio de la plaza.

Tras de larga charlatanería, sacaron de unas cajas, con mucha precaución, dos máquinas maravillosas: una, para hacer cine, y la otra, para hacer tallarines.

Aquel par de charlatanes sabían hacer las cosas bien. Se instalaron en la posada del pueblo, donde había una gran cuadra vacía que nadie utilizaba, y empezaron a hacer el reclamo. Poco después un enjambre de mujeres acudía allí con harina, y ellos se la devolvían convertida en rollos de serpentina blanca y blandita. ¡Qué hermosa, qué hermosa y fascinante era aquella máquina! Nunca había yo visto nada parecido. Nunca. Ni siquiera podía compararse con los tesoros que había descubierto el día anterior en el osario del cementerio. Y sentí una dulce opresión en la garganta, cuando uno de aquellos hombres dijo:

—Anda, acércate si quieres, y da unas cuantas vueltas a la manivela.

Debí ruborizarme de placer. La máquina era reluciente, y la manivela giraba, giraba. La frente se me cubrió de sudor: ¡Cómo salían aquellas tiritas, con qué gracia se arrollaban abajo! A veces, se atrancaba la manivela, y era preciso golpearla de un lado a otro. ¡En fin!

Los del camión se reían mirándome. Parecían tener muy buen humor. Además, se presentaba bien el negocio.

—Bueno, basta ya —dijo uno.

—No, no..., un poco más, señor. Un poquito más... ¡Por favor!

Y volvían a reírse: uno amasaba la pasta, otro la preparaba. Yo daba vueltas a la manivela. Me debí portar muy bien, porque al cabo de un rato el brazo me dolía y me pesaba como si fuese de plomo. Tuve que abandonar mi ocupación.

Se inclinó, abrió el saco y apareció la máquina de hacer tallarines.

Tan triste me quedé, que ellos me dijeron:

—Has sido muy buena. Esta tarde puedes venir al cine gratis.

—Pero, ¿me reconocerán? ¿Se acordarán de mi?

Ellos rieron como nunca, asegurando que mi facha eran capaces de reconocerla desde Peñatesnuques.

Fui, pues, al cine

En la misma cuadra, a oscuras, con las puertas bien atrancadas, se apiñaba toda la juventud del pueblo, medio tumbada encima de los sacos vacíos que habían extendido en el suelo. Sobre el muro en calado, la proyección de una película rota y muda servía de pretexto a aquella concentración animal. Se oían risitas ahogadas, y algún que otro resoplido.

Estaba decidida a marcharme, cuando descubrí allí, a mi lado mismo, la máquina de hacer tallarines. A la débil claridad de la película, el codiciado tesoro azuleaba tentadoramente. Y pensé: "Me la llevaré conmigo, la esconderé debajo de la cama y será mía y bien mía para siempre". Sentí una extraña emoción pensando que podría hacer girar su manivela cuantas veces quisiera, sin que nadie me lo impidiese. Durante todo el día, en la escuela, en la iglesia, en el huerto, habría una vocecilla escondida diciéndome continuamente: "Allí tienes la máquina, bien guardada debajo de la cama, para ti sola, para ti sola". Nunca había deseado nada tanto. Por lo general, los juguetes no me llamaban la atención. Pero aquel artefacto parecía haber sido creado expresamente de acuerdo a mis exigencias.

Allí mismo, había un saco vacío de los muchachos que hacían las veces de alfombra. Con mucho sigilo y disimulo, mientras aquellos dos hombres estaban entretenidos, la metí en el saco y la arrastré tras de mí.

Deslizándome sin ruido, procuré subir la escalera, con la esperanza de atravesar la vivienda de los posaderos y salir por la puerta trasera del huerto. Había llegado ya a la escalera, cuando me descubrió una de las nueras del dueño.

—¡Eh, tú! —me sujetó por un brazo—, ¿de dónde sales?

—De allí abajo... del cine.

—¡Cómo! ¿De allí abajo? ¿De esa pocilga indecente? ¿Qué tenías tú que hacer allí abajo?

Entonces, apareció tras la puerta la cabeza del maestro, que estaba jugando a la brisca con el hijo del posadero.

—¿Qué estoy oyendo? —aulló—¿Qué estoy oyendo?

—Estaba abajo, en medio de toda esa indecencia —dijo la mujer—¡Vaya un espectáculo para una criatura! ¡Y vaya un modo de ocuparse de su nieta que tiene el viejo! Yo soy pobre y estoy agobiada de trabajo, pero no verás que mis hijos se asomen a ese lugar. ¡Mentira parece!

—¿Sabe tu abuelo que has ido al cine? —preguntó el maestro.

—Sí..., sí lo sabe —mentí, atemorizada.

—¡Qué escándalo!

> **Mi abuelo había bajado la escalera al oír el coche. Me pareció que la inesperada visita de mi padre le había emocionado.**

El maestro se levantó apresuradamente, entregó su pequeño a la mujer y me cogió de la mano.

—Guárdeme un instante a este ángel —dijo con énfasis—. Y tú, pequeña, ven conmigo. Pero, ¿qué llevas en ese saco? ¿Qué es eso que llevas ahí?

Se inclinó, abrió el saco y apareció la máquina de hacer tallarines. Aquello les dejó sin palabras.

—Pero..., ¿por qué te llevas eso?

—¡La he robado! —confesé llorando.

—Esto no es posible —dijo el maestro—. Esto no se le puede ocurrir a una niña.

Me arrastró de allí y me llevó a casa del párroco, que vivía al otro lado del puente. Recuerdo que había oscurecido y la luna brillaba dentro del río.

Llamó con prisa a la puerta, y el párroco acudió. Llevaba aún la sotana arremangada a la cintura, porque acababa de llegar de la aldea próxima, cuya parroquia también estaba a su cuidado, y era preciso hacer los ocho kilómetros en bicicleta. Tenía espesas cejas negras, que daban un aire amenazador a su fisonomía. A mí, me atemorizaba hasta el punto de no poder dejar de temblar en su presencia. Él era el encargado de hablarnos los domingos del fuego eterno y del pecado, removiendo mi alma como un huracán.

Nos hizo pasar, con el gesto malhumorado de siempre, y escuchó al maestro, con las manos cruzadas sobre el estómago y el ceño fruncido.

—Estaba allí, allí mismo, en plena inmoralidad. ¡Tal como lo oye! Y el abuelo lo sabía, y le tiene sin cuidado. ¿Cómo crece esta criatura? ¿En manos de quién ha caído? ¿Se puede permitir esto? ¡Cada uno tenemos nuestros propios hijos que cuidar y atender, para además vigilar a esta pobrecilla! ¿Es esto admisible? ¡Y, para colmo, instarla al robo! ¡Para qué va a querer una niña una máquina de hacer tallarines? Alguien ha debido inducirla.

—Bien, bien —interrumpió el párroco, visiblemente fatigado por tanta palabra—. Así, pues, ¿estaba en aquel lugar con el consentimiento de su abuelo?

—Cierto, como lo oye.

El párroco me miró.

—Las niñas —dijo lentamente— no deben acudir a esos lugares. ¿Oyes?

—Sí...

—Ni tampoco vestir de esa forma. Ya tienes uso de razón. Estás pecando de inmodestia.

—Sí...

—¿Es tu abuelo quien te dijo que robaras eso?

Tragué saliva y él repitió:

—¿Es tu abuelo?

—Sí —mentí con voz débil. Y sabía que cometía un gran pecado.

—¿Es que sólo sabes decir "sí"?

—No...

—¡Hay que acabar con todo esto! —chilló el maestro, de nuevo—. ¡Hay que salvar a este pobre pajarillo!

—Bueno, bueno —dijo el párroco—. No escandalicemos. ¿Para qué escandalizar? Escribiré a sus padres para que se la lleven de aquí. Creo que el anciano cho-chea. No hablemos más de esto. Y devuelva usted esa máquina a sus dueños, sin armar alboroto.

Así lo hicieron.

IV

Lo que decía aquella carta, nunca lo he sabido. Mi abuelo, ni siquiera **se enteró** de su existencia.

Tres días después, llegó mi padre. Me cogió en brazos y yo oculté la cara en su cuello, con una inmensa sensación de vergüenza y malestar.

Mi abuelo había bajado la escalera al oír el coche. Me pareció que la inesperada visita de mi padre le había emocionado. Nunca había visto yo en él aquel gesto, como intimidado. Incluso, parecía como si fuese a olvidar la ausencia de los dientes y a sonreír.

Mi padre, en cambio, parecía nervioso y un poco impaciente. Le besó la mano y le preguntó por su salud. Pero, en seguida, le **advirtió** que no teníamos tiempo que perder y que nos íbamos.

—¿Os vais? —se extrañó el abuelo.

—Sí —dijo mi padre—. Ya está suficientemente castigada.

El abuelo se quedó allí mismo, sin avanzar un solo paso. Los perros le rodeaban, ladrando a mi padre.

—¿Por qué? —preguntó.

Mi padre fingió no oír aquellas palabras.

—Quédate un día más —insistió.

—No, no. Créame que lo siento, padre. Pero no puede ser. Si acaso, este verano, ya te haré alguna visita...

Me ordenaron subir a vestirme, de prisa. No sé qué hablaron allá abajo, ellos dos, en tanto. Cuando bajaba, ya dispuesta, el viejo Lobo, que hacía apresuradamente mi equipaje, me dijo:

—Pícara condenada—y guiñó los ojos con malicia, ocultando su risa.

Noté cómo me ardían las mejillas, de vergüenza.

Ni siquiera nos quedamos a comer. El abuelo continuaba allí, al pie de la escalera, entre la jauría que babeaba y daba bocados al aire. Mi padre besó de nuevo su mano. Pero yo no me atreví a despedirme.

Entonces, en aquel instante, me di cuenta de lo vacía que estaba aquella casa, de la triste vida que llevaba allí el abuelo. De lo solo que estaba, en medio de sus perros, que no le amaban, y de aquellos hombres que no entendían ni sabían nada de su corazón. Pensé en lo que hubiera podido ser yo para él, y recordé a los muchachos que cantaban debajo de sus balcones, burlándose de su vejez. Y recordé también la voz del maestro, que clamaba: "¿Es justo, es justo?"

La mano del abuelo se quedó extendida aún, tontamente, mientras decía:

—Pero hombre, quédate aunque sea...

Luego, la dejó caer sobre la cabeza de uno de los perros, simulando una caricia. El animal gruñó, desagradecido.

Nunca más lo he vuelto a ver. Y, caso curioso, desde aquel día, todo el mundo estuvo conforme en admitir que yo era una niña buena. Todo el mundo, menos yo.

Guía de comprensión

Para entender bien un cuento, hay que ocuparse de aspectos como el argumento *(plot)*, el marco escénico *(setting)*, los personajes *(characters)*, y la voz narrativa *(who is telling the story)*. Comience a responder este cuestionario y complételo después de consultar con sus compañeros de clase.

Sección I

1. ¿Cuál es la voz narrativa?

   ¿Qué se sabe de ella?

2. Describa el marco escénico:

   a. el salón de clase

   b. el despacho de la superiora

3. Describa en forma breve cada personaje:

   a. la protagonista

   b. la compañera de pupitre

   c. la superiora

4. Escriba Ud. un resumen del argumento.

Sección II

1. Describa el marco escénico:
   a. la casa del abuelo
   b. el primer encuentro entre el abuelo y la niña
   c. el pueblo y sus costumbres
2. Describa en forma breve cada personaje:
   a. el abuelo
   b. Lobo
3. Escriba un resumen del argumento.

Sección III

1. Describa el marco escénico:
   a. la escuela
   b. el apartamento del maestro
   c. la gente del pueblo (pág. 30)
2. Describa en forma breve cada personaje:
   a. el maestro (págs. 23, 25)
   b. el párroco (pág. 32)
   c. la protagonista (su percepción de sí misma)
3. ¿Cuál es el momento decisivo (el punto en que la protagonista toma una decisión que influye en el desenlace del cuento)? (pág. 26)

La protagonista, que es una niña perspicaz, se da cuenta de que algunos adultos utilizan una máscara en vez de expresarse honestamente. Dé Ud. ejemplos de este fenómeno en el cuento.

Y AHORA LES TOCA A UDS.

ACTIVIDADES COOPERATIVAS

1. Muchas veces los adultos piensan que comprenden a los niños, pero, en realidad, ignoran completamente qué piensan ellos o qué los motiva. En grupos de tres o cuatro personas, busquen ejemplos en el texto en que los adultos interpretan mal los motivos y las acciones de la niña. ¿Qué efecto tienen estas equivocaciones en la niña? Hagan un resumen de sus ideas en una página y entréguenselo al profesor.

2. Vuelvan a leer el cuento y presten atención a los cambios en el comportamiento de la protagonista. Observen las diferencias entre su actitud al principio, en el punto decisivo y hacia el final. En grupos de tres o cuatro personas, hablen de sus observaciones. ¿En qué aspectos cambia la protagonista? Extraigan la idea principal del cuento y escriban un trabajo de dos páginas. ¡No se olviden de usar la **Guía de comprensión** para preparar esta tarea!

ACTIVIDADES INDIVIDUALES

1. Imagínese que la voz narrativa del cuento es la de otro personaje. Escriba un monólogo de dos páginas en el que ese personaje narra los episodios en que ha participado. Léales el monólogo a sus compañeros. Aquí hay algunas sugerencias:

EL ABUELO:

a. ¿Cómo se siente la primera vez que ve entrar a la niña en su casa?

b. ¿Cómo se siente cuando los borrachos se burlan de él?

c. ¿Sabe que Lobo también se burla de él? ¿Qué piensa de Lobo y por qué lo emplea?

d. ¿Cómo se siente en cuanto a su relación con su hijo?

e. ¿Qué piensa de la niña?

EL MAESTRO:

a. ¿Por qué ha aceptado ese trabajo en esa escuela que no le gusta?

b. ¿Cómo es su relación con su familia?

c. ¿Qué le parecen los estudiantes el primer día de clase y qué características de la protagonista le llaman la atención?

EL TENDERO:

¿Qué les cuenta a sus compañeros en la tienda sobre lo que les sucede a los personajes principales?

2. En la página 17, la niña dice, "Por las noches, rezaba con la ferviente esperanza de que a la mañana siguiente me vería convertida en un muchacho como ellos, y podría andar de un lado a otro con las manos

hundidas en los bolsillos". Escriba Ud. una breve redacción acerca de las conversaciones que Ud. tenía con Dios cuando era niño. ¿Alguna vez rezó por algo que quería mucho y que no obtuvo? ¿Rezó por algo que finalmente obtuvo y, después de tenerlo, no lo quiso? Haga una redacción de dos páginas sobre sus experiencias y "negociaciones" con Dios.

3. Piense en acciones o motivaciones suyas que fueron mal interpretadas por los adultos. ¿Cuál fue la razón del malentendido? ¿Qué fue el resultado? Escriba Ud. una composición de dos o tres páginas describiendo la situación y cómo lo afectó a Ud.

4. La niña tuvo dificultades en la escuela la primera vez porque hizo algo espontáneo y sin la intención de "ser mala". Piense en sus experiencias en la escuela primaria. ¿Se metió alguna vez en apuros en la escuela o con sus papás por haber hecho algo del estilo? ¿Había niños que podían hacer tales cosas sin tener problemas con las autoridades? Piense en sus experiencias, en la justicia del sistema, y en cómo sus experiencias lo afectaron a Ud. (dos páginas).

5. Escriba un párrafo en que describa una situación en que Ud. de niño manipuló a los adultos para conseguir algo que quería.

LECTURA 3

"Después del almuerzo" por Julio Cortázar

"Después del almuerzo" es un cuento de Julio Cortázar de una colección titulada *Final del juego*. Al igual que "Los niños buenos", está narrado desde el punto de vista de un niño. En este cuento el autor invita al lector a participar en un juego de la imaginación. Como siempre se refiere a uno de los personajes por medio de pronombres, el lector tiene que adivinar cómo es este ser. La voz narrativa es la de un niño, cuyos padres le hacen llevar a este ser de paseo. El niño lucha con el eterno conflicto de cumplir con sus obligaciones o hacer lo que le gusta.

INFORMACIÓN ESENCIAL: VOCABULARIO

DICCIONARIO DE BOLSILLO

agacharse   doblar el cuerpo hacia abajo

*Tía Encarnación **se agachó** y me dio un beso en la frente.*

agarrar   coger; sujetar con fuerza

*Lo encontré en un rincón del cuarto, lo **agarré** lo mejor que pude y salimos por el patio hasta la puerta que daba al jardín de adelante.*

arañar   rasgar ligeramente el cutis, especialmente con las uñas

*...y entonces saqué el pañuelo y me lo pasé por la cara, y sentí un arañazo en el labio, y cuando miré era una hoja seca pegada en el pañuelo que me **había arañado** la boca.*

arrepentirse   tener vergüenza por haber hecho o dejado de hacer alguna cosa

*...pero estaba seguro de que no iba a poder, que me iba a **arrepentir** si lo hacía entrar en un local cualquiera donde la gente estaría sentada y tendría más tiempo para mirarnos.*

baldosa   ladrillo, generalmente fino, para pavimentar

*...consiguió acercarse a un sitio donde había una **baldosa** un poco más hundida que las otras.*

calambre   contracción espasmódica y dolorosa que afecta a uno o varios músculos

*Mientras nadaba le dio un **calambre** en una pierna y por poco se ahogó.*

charco   depósito de agua retenida en el terreno

*...lo peor era estar ahí parado, con un pañuelo que se iba mojando y llenando de manchas de barro y pedazos de hojas secas, y teniendo que sujetarlo al mismo tiempo para que no volviera a acercarse al **charco**.*

de reojo   con verbos como mirar, ver, observar, etc., mirar disimuladamente

*...y miró para abajo, medio **de reojo**.*

despegarse   separarse de otra cosa a la está pegada o muy junta

*Al final no pude más y lo agarré otra vez, haciéndome el que caminaba con naturalidad, pero cada paso me costaba como en esos sueños en que uno tiene unos zapatos que pesan toneladas y apenas puede **despegarse** del suelo.*

empapar	humedecer una cosa hasta el punto de que quede penetrado del líquido
	*Estaba completamente **empapado** después de haber corrido por la lluvia.*
enterrado	metido debajo la de tierra
	*Mi abuelo que murió el año pasado está **enterrado** en ese cementerio.*
estirar	alargar algo con fuerza para que se extienda
	*...me levantaba para **estirar** las piernas...*
hondo	que tiene mucha profundidad
	*...me clava los ojos y yo siento que se me van entrando cada vez más **hondo** en la cara...*
lastimar	dañar
	*Los zapatos nuevos me **lastimaban** los pies y me los tuve que quitar.*
pelar	quitarle la cáscara a una fruta o nuez
	*Ofreció **pelar** las naranjas para la ensalada de frutas.*
pieza	el cuarto (de casa)
	*Cuando salí de mi cuarto eran las dos, y tía Encarnación dijo que podía ir a buscarlo a la **pieza** del fondo, donde siempre le gusta meterse por la tarde.*
retorcer	hacer que algo dé vueltas
	*...y entonces me empezó a doler el estómago, ...como si se me **retorciera** poco a poco, y yo quería respirar y me costaba, entonces tenía que quedarme quieto y esperar que se pasara el calambre...*
rogar	pedir
	*A esa hora el tranvía viene bastante vacío, y yo **rogaba** que pudiéramos sentarnos en el mismo asiento, poniéndolo a él del lado de la ventanilla para que molestara menos.*
tironear	tirar hacer fuerza para traer hacia sí o para llevar tras sí
	*...y tuve que **tironear** con todas mis fuerzas para obligarlo a ir de mi lado.*
vereda	camino estrecho
	*...sabían muy bien que la única vez que me habían obligado a pasearlo por la **vereda** había ocurrido esa cosa terrible con el gato de los Alvarez.*

Información esencial: La estructura

Actividad individual

En este cuento el protagonista tiene que llevar a un ser (¿un hermanito? ¿animalito?) de paseo. Se sabe que este ser es masculino y singular, porque la voz narrativa (el protagonista) siempre se refiere a él con pronombres singulares y masculinos. Por ejemplo, en la siguiente cita, **lo** se refiere a este ser:

> "Después del almuerzo yo hubiera querido quedarme en mi cuarto leyendo, pero papá y mamá vinieron casi en seguida a decirme que esa tarde tenía que lleva**rlo** de paseo".

Los pronombres para los objetos directos contienen muy poca información. Se sabe que **la,** por ejemplo, se refiere a una entidad femenina y singular, y que **los** se refiere a una entidad masculina y plural. Como contienen tan poca información, es importante que el lector entienda a qué antecedente del texto se refieren. Asimismo, es necesario leer cuidadosamente el texto para saber a qué se refieren los pronombres que cumplen la función de sujeto dentro de la oración.

En el ejemplo anterior es evidente que el sujeto de **vinieron** es **papá y mamá,** porque preceden inmediatamente al verbo. Menos obvio es el sujeto de **tenía**, pero, si se lee con cuidado la oración, se deduce por el contexto que el sujeto es **yo.**

La conexión entre un pronombre y su antecedente se llama **relación anafórica** porque se refieren a la misma entidad. Es muy importante comprender las relaciones anafóricas en este cuento para entender quién es el autor de cada acción. En el siguiente pasaje escriba el sujeto de los verbos y el antecedente de cada pronombre subrayado. Escoja sus respuestas de la lista. Los tres primeros están hechos como ejemplo. Ojo: El **antecedente** puede preceder o suceder al pronombre.

a.	yo (el niño)	e.	el pelo de mamá
b.	papá y mamá	f.	los zapatos
c.	papá	g.	tía Encarnación
ch.	mamá	h.	el "ser"
d.	los ojos de papá	i.	otra persona

Lo primero que (1) **contesté** fue que no, que (2) **lo** (3) **llevara** otro, que por favor me (4) **dejaran estudiar** en mi cuarto. (5) **Iba** a (6) decir**les** otras cosas, (7) explicar**les** por qué no me (8) **gustaba** tener que salir con (9) **él,** pero papá dio un paso adelante y (10) **se puso** a mirarme en esa forma que no puedo resistir, me (11) **clava** los ojos y yo siento que se me (12) **van**

entrando cada vez más hondo en la cara, hasta que estoy a punto de gritar y tengo que darme vuelta y contestar que sí, que claro, en seguida. Mamá en esos casos no (13) **dice** nada y no me (14) **mira,** pero (15) **se queda** un poco atrás con las dos manos juntas, y yo (16) **le** veo el pelo gris que (17) **le** (18) **cae** sobre la frente y tengo que darme vuelta y contestar que sí, que claro, en seguida. Entonces (19) **se fueron** sin decir nada más y yo empecé a vestirme, con el único consuelo de que (20) **iba** a estrenar unos zapatos amarillos que (21) **brillaban** y (22) **brillaban.**

Cuando salí de mi cuarto eran las dos, y tía Encarnación dijo que (23) **podía** ir a (24) buscar**lo** a la pieza del fondo, donde siempre (25) **le** gusta meterse por la tarde. Tía Encarnación debía darse cuenta de que yo estaba desesperado por tener que salir con (26) **él,** porque me (27) **pasó** la mano por la cabeza y después (28) **se agachó** y me (29) **dio** un beso en la frente. Sentí que me (30) **ponía** algo en el bolsillo.

1. ___a___	11. _____	21. _____
2. ___i___	12. _____	22. _____
3. ___j___	13. _____	23. _____
4. _____	14. _____	24. _____
5. _____	15. _____	25. _____
6. _____	16. _____	26. _____
7. _____	17. _____	27. _____
8. _____	18. _____	28. _____
9. _____	19. _____	29. _____
10. _____	20. _____	30. _____

ACTIVIDADES COOPERATIVAS

REPASO DEL IMPERFECTO DEL SUBJUNTIVO

En este cuento hay varios ejemplos del uso del imperfecto del subjuntivo. Para comprender mejor el texto, es importante saber cuándo se utiliza este modo. Para repasarlo, pues, es necesario que Uds. hagan lo siguiente:

1. Con la ayuda de su profesor/a, hagan una lista de los usos del subjuntivo en la pizarra.

2. Expliquen cuándo es necesario usar el imperfecto del subjuntivo.

3. Hagan una lista de oraciones en que se usa el imperfecto del subjuntivo.

4. Lean los siguientes ejemplos y hablen del significado de cada uno.

   a. Nunca me habían pedido que lo llevara al centro, era injusto que me lo pidieran porque sabían muy bien que la única vez que me habían obligado a pasear por la vereda había ocurrido esa cosa terrible con el gato de los Álvarez. (pág. 44)

   b. A esa hora el tranvía viene bastante vacío, y yo rogaba que pudiéramos sentarnos en el mismo asiento, poniéndolo a él del lado de la ventanilla para que molestara menos. (pág. 45)

   c. A esa hora si yo hubiera viajado solo me habría largado del tranvía para seguir a pie hasta el centro... (pág. 46)

5. Ahora añada Ud. más ejemplos del texto y explique el significado de cada uno:

   a.

   b.

   c.

INFORMACIÓN ESENCIAL: LA EXPERIENCIA PERSONAL

ACTIVIDADES INDIVIDUALES

1. "Después del almuerzo" es un cuento sobre un niño que tiene que cumplir con una obligación y no quiere hacerlo. Antes de leer el cuento, piense en situaciones de su niñez en las que sus papás le obligaban a hacer cosas que Ud. no quería hacer. Para ser aún más específico/a, piense en las circunstancias cuando sus papás le hacían pasar el día con, por ejemplo, un niño que era hijo de sus amigos. Piense en la situación y conteste las siguientes preguntas para conversar con sus compañeros de clase:

   a. ¿Cómo se sentía Ud.?

   b. ¿Trató bien a ese niño?

   c. Aún más importante, ¿cómo lo trató ese niño a Ud.?

   ch. ¿Hizo Ud. algo para que sus papás jamás volvieran a exigir que pasara tiempo con esa persona? O, al final, ¿le cayó bien el/la niño/a y volvió a jugar con él/ella?

d. En general, cuando Ud. era niño, ¿quiénes ganaban en las "negociaciones" entre Ud. y sus papás? ¿Por qué?

e. Como adulto, ¿ha participado en "negociaciones" con niños? Por lo general, ¿quiénes ganan? ¿Hubo ocasiones en que salieron ganando los dos?

2. El niño del cuento tenía que hacer algo que le daba vergüenza; pensaba que todo el mundo lo miraba. Para entender bien su situación, conteste las siguientes preguntas:

a. ¿Recuerda circunstancias de su niñez en que algún adulto le obligara a hacer algo que le daba vergüenza? Posiblemente sus padres le hicieron llevar los pantalones feos que le había regalado su tía. ¿Protestó Ud. mucho u obedeció?

b. A propósito, ¿es Ud. muy aseverativo ahora? ¿Es Ud. más o menos aseverativo de lo que era de niño?

ACTIVIDAD COOPERATIVA

1. Léanse los trabajos de las **Actividades individuales** y hagan un resumen de cómo se resuelven generalmente los conflictos entre padres e hijos. Después lean los primeros párrafos del cuento para ver cómo participan el niño y sus padres en las "negociaciones". Finalmente, teniendo en cuenta sus observaciones previas, hablen acerca de qué se imaginan sobre el argumento del cuento.

COMPRENSIÓN DE TEXTO

Lea "Después del almuerzo" tres veces:

1. Léalo rápidamente para tener una noción general de lo que ocurre en el cuento.

2. Concéntrese en las ideas principales, utilizando como guía las preguntas de comprensión. Después lea el cuento con cuidado, buscando palabras claves en el glosario si es necesario. Luego comience a responder las preguntas.

3. Traiga su trabajo a la clase y complete el cuestionario con un grupo de compañeros. Si necesita ayuda, recurra a su profesor.

4. Ahora que ya conoce el cuento, léalo otra vez, pero disfrutándolo. Además, puede ir pensando en los significados más abstractos.

JULIO CORTÁZAR
"Después del almuerzo"

Después del almuerzo yo hubiera querido quedarme en mi cuarto leyendo, pero papá y mamá vinieron casi en seguida a decirme que esa tarde tenía que llevarlo de paseo.

Lo primero que contesté fue que no, que lo llevara otro, que por favor me dejaran estudiar en mi cuarto. Iba a decirles otras cosas, explicarles por qué no me gustaba tener que salir con él, pero papá dio un paso adelante y se puso a mirarme en esa forma que no puedo resistir, me clava los ojos y yo siento que se me van entrando cada vez más **hondo** en la cara, hasta que estoy a punto de gritar y tengo que darme vuelta y contestar que sí, que claro, en seguida. Mamá en esos casos no dice nada y no me mira, pero se queda un poco atrás con las dos manos juntas, y yo le veo el pelo gris que le cae sobre la frente y tengo que darme vuelta y contestar que sí, que claro, en seguida. Entonces se fueron sin decir nada más y yo empecé a vestirme, con el único consuelo de que iba a estrenar unos zapatos amarillos que brillaban y brillaban.

Cuando salí de mi cuarto eran las dos, y tía Encarnación dijo que podía ir a buscarlo a la **pieza** del fondo, donde siempre le gusta meterse por la tarde. Tía Encarnación debía

> **Lo primero que contesté fue que no, que lo llevara otro, que por favor me dejaran estudiar en mi cuarto.**

darse cuenta de que yo estaba desesperado por tener que salir con él, porque me pasó la mano por la cabeza y después **se agachó** y me dio un beso en la frente. Sentí que me ponía algo en el bolsillo.

—Para que te compres alguna cosa —me dijo al oído—. Y no te olvides de darle un poco, es preferible.

Yo la besé en la mejilla, más contento, y pasé delante de la puerta de la sala donde estaban papá y mamá jugando a las damas. Creo que les dije hasta luego, alguna cosa así, y después saqué el billete de cinco pesos para alisarlo bien y guardarlo en mi cartera donde ya había otro billete de un peso y monedas.

Lo encontré en un rincón del cuarto, lo **agarré** lo mejor que pude y salimos por el patio hasta la puerta que daba al jardín de adelante. Una o dos veces sentí la tentación de soltarlo, volver adentro y decirles a papá y mamá que él no quería venir conmigo, pero estaba seguro de que acabarían por traerlo y obligarme a ir con él hasta la puerta de la calle. Nunca me habían pedido que lo llevara al centro, era injusto que me lo pidieran porque sabían muy bien que la única vez que me habían obligado a pasearlo por la vereda había ocurrido una cosa terrible con el gato de los Álvarez. Me parecía estar viendo todavía la cara del vigilante hablando con papá en la puerta, y después papá sirviendo dos vasos de caña, y mamá llorando en su cuarto. Era injusto que me lo pidieran.

Por la mañana había llovido y las **veredas** de Buenos Aires están cada vez más rotas, apenas se puede andar sin meter los pies en algún **charco.** Yo hacía lo posible para cruzar por las partes más secas y no mojarme los zapatos nuevos, pero en seguida vi que a él le gustaba meterse en el agua, y tuve que **tironear** con todas mis fuerzas para obligarlo a ir de mi lado. A pesar de eso consiguió acercarse a un sitio donde había una **baldosa** un poco más hundida que las otras, y cuando me di cuenta ya estaba completamente **empapado** y tenía hojas secas por todas partes. Tuve que pararme, limpiarlo, y todo el tiempo sentía que los vecinos estaban mirando desde los jardines, sin decir nada pero mirando. No quiero mentir, en realidad no me importaba tanto que nos miraran (que lo miraran a él, y a mí que lo llevaba de paseo); lo peor era estar ahí parado, con un pañuelo que se iba mojando y llenando de manchas de barro y pedazos de hojas secas, y teniendo que sujetarlo al mismo tiempo para que no volviera a acercarse al charco. Además yo estoy acostumbrado a andar por las calles con las manos en los bolsillos del pantalón, silbando o mascando chicle, o leyendo las historietas mientras con la parte de abajo de los ojos voy adivinando las baldosas de las veredas que conozco perfectamente desde mi casa hasta el tranvía, de modo que sé cuándo paso delante de la casa de la Tita o cuándo voy a llegar a la esquina de Carabobo. Y ahora no podía hacer nada de eso, y el pañuelo me empezaba a mojar el forro del bolsillo y sentía la humedad en la pierna, era como para no creer en tanta mala suerte junta.

A esa hora el tranvía viene bastante vacío, y yo **rogaba** que pudiéramos sentarnos en el mismo asiento, poniéndolo a él del lado de la ventanilla para que molestara menos. No es que se mueva demasiado, pero a la gente le molesta lo mismo y yo comprendo. Por eso me afligí al subir, porque el tranvía estaba casi lleno y no había ningún asiento doble desocupado. El viaje era demasiado largo para quedarnos en la plataforma, el guarda me hubiera mandado que me sentara y lo pusiera el alguna parte; así que lo hice entrar en seguida y lo llevé hasta un asiento del medio donde una señora ocupaba el lado de la ventanilla. Lo mejor hubiera sido sentarme detrás de él para vigilarlo, pero el tranvía estaba lleno y tuve que seguir adelante y sentarme bastante más lejos. Los pasajeros no se fijaban mucho, a esa hora la gente va haciendo la digestión y está medio dormida con los barquinazos del tranvía. Lo malo fue que el guarda se paró al lado del asiento donde yo lo había instalado, golpeando con una moneda en el fierro de la máquina de los

> **...a cada momento tenía que darme vuelta para ver si seguía quieto en el asiento de atrás, y con eso iba llamando la atención de algunos pasajeros.**

boletos, y yo tuve que darme vuelta y hacerle señas de que viniera a cobrarme a mí, mostrándole la plata para que comprendiera que tenía que darme dos boletos, pero el guarda era uno de esos chinazos que están viendo las cosas y no quieren entender, dale con la moneda golpeando contra la máquina. Me tuve que levantar (y ahora dos o tres pasajeros me miraban) y acercarme al otro asiento. "Dos boletos", le dije. Cortó uno, me miró un momento, y después me alcanzó el boleto y miró para abajo, medio **de reojo**. "Dos por favor", repetí seguro de que todo el tranvía ya estaba enterado. El chinazo cortó el otro boleto y me lo dio, iba a decirme algo pero yo le alcancé la plata justa y me volví en dos trancos a mi asiento, sin mirar para atrás. Lo peor era que a cada momento tenía que darme vuelta para ver si seguía quieto en el asiento de atrás, y con eso iba llamando la atención de algunos pasajeros. Primero decidí que sólo me daría vuelta al pasar cada esquina, pero las cuadras me parecían terriblemente largas y a cada momento tenía miedo de oír alguna exclamación o un grito, como cuando el gato de los Álvarez. Entonces me puse a contar hasta diez, igual que en las peleas, y eso venía a ser más o menos media cuadra. Al llegar a diez me daba vuelta disimuladamente, por ejemplo arreglándome el cuello de la camisa o metiendo la mano en el bolsillo del saco, cualquier cosa que diera la impresión de un tic nervioso o algo así.

Como a las ocho cuadras no sé por qué me pareció que la señora que iba del lado de

_____

...me parecía que la gente del tranvía nos estaba mirando cada vez más.

_____

la ventanilla se iba a bajar. Eso era lo peor, porque le iba a decir algo para que la dejara pasar, y cuando él no se diera cuenta o no quisiera darse cuenta, a lo mejor la señora se enojaba y quería pasar a la fuerza, pero yo sabía lo que iba a ocurrir en ese caso y estaba con los nervios de punta, de manera que empecé a mirar para atrás antes de llegar a cada esquina, y en una de esas me pareció que la señora ya estaba a punto de levantarse, y hubiera jurado que le decía algo porque miraba de su lado y yo creo que movía la boca. Justo en ese momento una vieja gorda se levantó de uno de los asientos cerca del mío y empezó a andar por el pasillo, y yo iba detrás queriendo empujarla, darle una patada en las piernas para que se apurara y me dejara llegar al asiento donde la señora había agarrado una canasta o algo que tenía en el suelo y ya se levantaba para salir. Al final creo que la empujé, la oí que protestaba, no sé cómo llegué al lado del asiento y conseguí sacarlo a tiempo para que la señora pudiera bajarse en la esquina. Entonces lo puse contra la ventanilla y me senté a su lado, tan feliz aunque cuatro o cinco idiotas me estuvieran mirando desde los asientos de adelante y desde la plataforma donde a lo mejor el chinazo les había dicho alguna cosa.

Ya andábamos por el Once, y afuera se veía un sol precioso y las calles estaban secas. A esa hora si yo hubiera viajado solo me habría largado del tranvía para seguir a pie hasta el centro, para mí no es nada ir a pie desde el Once a Plaza de Mayo, una vez que me tomé el tiempo le puse justo treinta y dos minutos, claro que corriendo de a ratos y sobre todo al final. Pero ahora en cambio tenía que ocuparme de la ventanilla, porque un día alguien había contado que era capaz de abrir de golpe la ventanilla y tirarse afuera, nada más que por el gusto de hacerlo, como tantos otros gustos que nadie se explicaba. Una o dos veces me pareció que estaba a punto de levantar la ventanilla, y tuve que pasar el brazo por detrás y sujetarla por el marco. A lo mejor eran cosas mías, tampoco quiero asegurar que estuviera por levantar la ventanilla y tirarse. Por ejemplo, cuando lo del inspector me olvidé completamente del asunto y sin embargo no se tiró. El inspector era un tipo alto y flaco que apareció por la plataforma delantera y se puso a marcar los boletos con ese aire amable que tienen algunos inspectores. Cuando llegó a mi asiento le alcancé los dos boletos y él marcó uno, miró para abajo, después miró el otro boleto, lo fue a marcar y se quedó con el boleto metido en la ranura de la pinza, y todo el tiempo yo rogaba que lo marcara de una vez y me lo devolviera, me parecía que la gente del tranvía nos estaba mirando cada vez más. Al final lo marcó encogiéndose de hombros, me devolvió los dos boletos, y en la plataforma de atrás oí que alguien soltaba una carcajada, pero naturalmente no quise darme vuelta, volví a pasar el brazo y sujeté la ventanilla, haciendo como que no veía más al inspector y a

> ...después volví para atrás y hubiera querido que se muriera, que ya estuviera muerto, o que papá y mamá estuvieran muertos...

todos los otros. En Sarmiento y Libertad se empezó a bajar la gente, y cuando llegamos a Florida ya no había casi nadie. Esperé hasta San Martín y lo hice salir por la plataforma delantera, porque no quería pasar al lado del chinazo que a lo mejor me decía alguna cosa.

A mí me gusta mucho la Plaza de Mayo, cuando me hablan del centro pienso en seguida en la Plaza de Mayo. Me gusta por las palomas, por la Casa de Gobierno y porque trae tantos recuerdos de historia, de las bombas que cayeron cuando hubo revolución, y los caudillos que habían dicho que iban a atar sus caballos en la Pirámide. Hay maniseros y tipos que venden cosas, en seguida se encuentra un banco vacío y si uno quiere puede seguir un poco más y al rato llega al puerto y ve los barcos y los guinches. Por eso pensé que lo mejor era llevarlo a la Plaza de Mayo, lejos de los autos y los colectivos, y sentarnos un rato ahí hasta que fuera hora de ir volviendo a casa. Pero cuando bajamos del tranvía y empezamos a andar por San Martín sentí como un mareo, de golpe me daba cuenta de que me había cansado terriblemente, casi una hora de viaje y todo el tiempo teniendo que mirar hacia atrás, hacerme el que no veía que nos estaban mirando, y después el guarda con los boletos, y la señora que se iba a bajar, y el inspector. Me hubiera gustado tanto poder entrar en una lechería y pedir un helado o un vaso de leche, pero estaba seguro de que no iba a poder, que me iba a **arrepentir** si lo hacía entrar en un local cualquiera donde la gente estaría sentada y tendría más tiempo para mirarnos. En la calle la gente se cruza y cada uno sigue viaje, sobre todo en San Martín que está lleno de bancos y oficinas y todo el mundo anda apurado con portafolios debajo del brazo. Así que seguimos hasta la esquina de Cangallo, y entonces cuando íbamos pasando delante de las vidrieras de Peuser que estaban llenas de tinteros y cosas preciosas, sentí que él no quería seguir, se hacía cada vez más pesado y por más que yo tiraba (tratando de no llamar la atención) casi no podía caminar y al final tuve que pararme delante de la última vidriera, haciéndome el que miraba los juegos

En la calle la gente se cruza y cada uno sigue viaje, sobre todo en San Martín que está lleno de bancos y oficinas y todo el mundo anda apurado con portafolios debajo del brazo.

de escritorio repujados en cuero. A lo mejor estaba un poco cansado, a lo mejor no era un capricho. Total, estar ahí parados no tenía nada de malo, pero igual no me gustaba porque la gente que pasaba tenía más tiempo para fijarse, y dos o tres veces me di cuenta de que alguien le hacía algún comentario a otro, o se pegaban con el codo para llamarse la atención. Al final no pude más y lo agarré otra vez, haciéndome el que caminaba con naturalidad, pero cada paso me costaba como en esos sueños en que uno tiene unos zapatos que pesan toneladas y

apenas puede **despegarse** del suelo. A la larga conseguí que se le pasara el capricho de quedarse ahí parado, y seguimos por San Martín hasta la esquina de la Plaza de Mayo. Ahora la cosa era cruzar, porque a él no le gusta cruzar una calle. Es capaz de abrir la ventanilla del tranvía y tirarse, pero no le gusta cruzar la calle. Lo malo es que para llegar a la Plaza de Mayo hay que cruzar siempre alguna calle con mucho tráfico, en Cangallo y Bartolomé Mitre no había sido tan difícil pero ahora yo estaba a punto de renunciar, me pesaba terriblemente en la mano, y dos veces que el tráfico se paró y los que estaban a nuestro lado en el cordón de la vereda empezaron a cruzar la calle, me di cuenta de que no íbamos a poder llegar al otro lado porque se plantaría justo en la mitad, y entonces preferí seguir esperando hasta que se decidiera. Y claro, el del puesto de revistas de la esquina ya estaba mirando cada vez más, y le decía algo a un pibe de mi edad que hacía muecas y le contestaba qué sé yo, y los autos seguían pasando y se paraban y volvían a pasar, y nosotros ahí plantados. En una de esas se iba a acercar el vigilante, eso era lo peor que nos podía suceder porque los vigilantes son muy buenos y por eso meten la pata, se ponen a hacer preguntas, averiguan si uno anda perdido, y de golpe a él le puede dar unos de sus caprichos y yo no sé en lo que termina la cosa. cuanto más pensaba más me afligía, y al final tuve miedo de veras, casi como ganas de vomitar, lo juro, y en un momento en que paró el tráfico lo agarré bien y cerré los ojos y tiré para adelante doblándome casi en dos, y cuando estuvimos en la Plaza los solté, seguí dando unos pasos solo, y después volví para atrás y hubiera querido que se muriera, que ya estuviera muerto, o que papá y mamá estuvieran muertos, y yo también al fin y al cabo, que todos estuvieran muertos y **enterrados** menos tía Encarnación.

Pero esas cosas se pasan en seguida, vimos que había un banco muy lindo completamente vacío, y yo lo sujeté sin tironearlo y fuimos a ponernos en ese banco y a mirar las palomas que por suerte no se dejan agarrar como los gatos. Compré manises y caramelos, le fui dando de las dos cosas y estábamos bastante bien con ese sol que hay por la tarde en la Plaza de Mayo y la gente que va de un lado a otro. Yo no sé en qué momento me vino la idea de abandonarlo ahí, lo único que me acuerdo es que estaba **pelándole** un maní y pensando al mismo tiempo que si me hacía el que iba a tirarles algo a las palomas que andaban más lejos, sería facilísimo dar la vuelta a la pirámide y perderlo de vista. Me parece que en ese momento no pensaba en volver a casa ni en la cara de papá y mamá, porque si lo hubie-

> **...saqué el pañuelo y me lo pasé por la cara, y sentí un arañazo en el labio, y cuando miré era una hoja seca pegada en el pañuelo que me había arañado la boca.**

ra pensado no habría hecho esa pavada. Debe ser muy difícil abarcar todo al mismo tiempo como hacen los sabios y los historiadores, yo pensé solamente que lo podía abandonar ahí y andar solo por el centro con las manos en los bolsillos, y comprarme una revista o entrar a tomar un helado en alguna parte antes de volver a casa. Le seguí dando manises un rato pero estaba decidido, y en una de esas me hice el que me levantaba para **estirar** las piernas y vi que no le importaba si seguía a su lado o me iba a darle manises a las palomas. Les empecé a tirar lo que me quedaba, y las palomas me andaban por todos lados, hasta que se me acabó el maní y se cansaron. Desde la otra punta de la plaza apenas se veía el banco; fue cosa de un momento cruzar a la Casa Rosada donde siempre hay dos granaderos de guardia, y por el costado me largué hasta el Paseo Colón, esa calle donde mamá dice que no deben ir los niños solos. Ya por costumbre me daba vuelta a cada momento, pero era imposible que me siguiera, lo más que podría estar haciendo sería revolcarse alrededor del banco hasta que se acercara alguna señora de la beneficencia o algún vigilante.

No me acuerdo muy bien de lo que pasó en ese rato en que yo andaba por el Paseo Colón, que es una avenida como cualquier otra. En una de esas yo estaba sentado en una vidriera baja de una casa de importaciones y exportaciones, y entonces me empezó a doler el estómago, no como cuando uno tiene que ir en seguida al baño, era más arriba, en el estómago verdadero, como si se me **retorciera** poco a poco, y yo quería respirar y me costaba, entonces tenía que quedarme quieto y esperar que se pasara el **calambre,** y delante de mí se veía como una mancha verde y puntitos que bailaban, y la cara de papá, al final era solamente la cara de papá porque yo había cerrado los ojos, me parece, y en medio de la mancha verde estaba la cara de papá. Al rato pude respirar mejor, y unos muchachos me miraron un momento y uno le dijo al otro que yo estaba descompuesto, pero yo moví la cabeza y dije que no era nada, que siempre me daban calambres pero se me pasaban en seguida. Uno dijo que si yo quería que fuera a buscar un vaso de agua, y el otro me aconsejó que me secara la frente porque estaba sudando. Yo me sonreí y dije que ya estaba bien, y me puse a caminar para que se fueran y me dejaran solo. Era cierto que estaba sudando porque me caía el agua por las cejas y una gota salada me entró en un ojo, y entonces saqué el pañuelo y me lo pasé por la cara, y sentí un arañazo en el labio, y cuando miré era una hoja seca pegada en el pañuelo que me había **arañado** la boca.

No sé cuánto tardé en llegar otra vez a la Plaza de Mayo. A la mitad de la subida me caí pero volví a levantarme antes que nadie se diera cuenta, y crucé a la carrera entre todos los autos que pasaban por delante de la Casa Rosada. Desde lejos vi que no se había movido del banco, pero seguí corriendo y corriendo hasta llegar al banco,

y me tiré como muerto mientras las palomas salían volando asustadas y la gente se daba vuelta con ese aire que toman para mirar a los chicos que corren, como si fuera un pecado. Después de un rato lo limpié un poco y dije que teníamos que volver a casa. Lo dije para oírme yo mismo y sentirme todavía más contento, porque con él lo único que servía era agarrarlo bien y llevarlo, las palabras no las escuchaba o se hacía el que no las escuchaba. Por suerte esta vez no se encaprichó al cruzar las calles, y el tranvía estaba casi vacío al comienzo del recorrido, así que lo puse en el primer asiento y me senté al lado y no me di vuelta ni una sola vez en todo el viaje, ni siquiera al bajarnos. La última cuadra la hicimos muy despacio, él queriendo meterse en los charcos y yo luchando para que pasara por las baldosas secas. Pero no me importaba, no me importaba nada. Pensaba todo el tiempo: "Lo abandoné", lo miraba y pensaba: "Lo abandoné", y aunque no me había olvidado del Paseo Colón me sentía tan bien, casi orgulloso. A lo mejor otra vez... No era fácil, pero a lo mejor... Quién sabe con qué ojos me mirarían papá y mamá cuando me vieran llegar con él de la mano. Claro que estarían contentos de que yo lo hubiera llevado a pasear al centro, los padres siempre están contentos de esas cosas; pero no sé por qué en ese momento se me daba por pensar que también a veces papá y mamá sacaban el pañuelo para secarse, y que también en el pañuelo había un hoja seca que les **lastimaba** la cara.

GUÍA DE COMPRENSIÓN

1. Describa el marco escénico:

2. Apunte aquí lo que le llame la atención de la voz narrativa:

   a. ¿Cómo es el narrador?

   b. ¿Cuántos años tiene el narrador aproximadamente? Indique Ud. pasajes del texto que justifiquen su opinión.

   c. ¿Cómo sabemos el género de la voz narrativa? Cite Ud. la frase que nos lo indica.

3. ¿Qué se sabe del "ser"? ¿Es animal o persona? ¿Es masculino o femenino? ¿Es grande o pequeño? Busque información en el texto.

4. ¿Por qué no quiere llevar al ser de paseo? ¿Qué preferiría hacer el niño?

5. ¿Qué problemas ha tenido en el pasado con el "ser"? Por favor, cite los párrafos.

6. La voz narrativa ve el mundo desde la perspectiva de un niño. Haga una lista de los detalles del mundo de los adultos que llaman la atención de la voz narrativa.

7. La gran responsabilidad que tiene el niño es llevar al "ser" de paseo. ¿Qué responsabilidades específicas se incluyen en esta responsabilidad? Haga una lista.

8. Es evidente que el niño tiene experiencia en el mundo de los adultos. ¿Qué experiencias ha tenido que demuestran que es "grandecito" ya?

9. Describa Ud. a los adultos del cuento:

   a. el padre

   b. la madre

   c. la tía Encarnación

   d. el inspector

   De todos los adultos, ¿con quién simpatiza más el protagonista? Cite Ud. fragmentos del texto para justificar su opinión.

10. Describa Ud. las emociones del niño durante el paseo.

11. Describa el punto decisivo del cuento.

12. ¿Es siempre responsable el niño? Indique los casos (si los hay) en que está tentado de no ser responsable.

13. Muchas veces los niños tienen que cargar con las injusticias del mundo de los adultos. ¿Cuáles son las injusticias con las que tiene que cargar este niño?

14. Explique Ud. lo que sigue:

    a. "A lo mejor otra vez... No era fácil, pero a lo mejor..." (pág. 50)

    b. "Claro que estarían contentos de que yo lo hubiera llevado a pasear al centro, los padres siempre están contentos de esas cosas; pero no sé por qué en ese momento se me daba por pensar que también a veces papá y mamá sacaban el pañuelo para secarse, y que también en el pañuelo había una hoja seca que les lastimaba la cara". (pág. 50)

Y AHORA LES TOCA A UDS.

ACTIVIDADES COOPERATIVAS E INDIVIDUALES

Conversen con sus compañeros de clase sobre los temas que se presentan a continuación de este párrafo. Después cada alumno debe escoger uno de los temas para una redacción de dos páginas. (Probablemente será necesario usar el imperfecto del subjuntivo.)

1. Muchos niños tienen un compañero imaginario. ¿Es el "ser" en este caso un compañero imaginario? Justifique su opinión con citas del texto.

2. Vamos a considerar la posibilidad de que el ser no sea una entidad física sino algo que le pesa al niño psicológicamente. ¿Qué características tiene y cómo afecta al niño?

3. Piense Ud. en una situación en que tenía que llevar a alguien consigo y le daba verguenza o le aburría estar con esa persona. Describa cómo se sentía. ¿Por qué se sentía obligado a llevar a esa persona? ¿Tenía ganas de abandonarla? ¿Cómo la trataba? ¿Qué le molestaba más?

4. Muchas situaciones resultan injustas para los niños porque, como se sabe, son los adultos los que mandan. Describa Ud. una situación de su niñez en que un adulto le hizo hacer algo sin haber considerado sus sentimientos.

5. Varias veces el protagonista menciona que le da vergüenza que otras personas los miren. Por ejemplo, dice: "...y todo el tiempo sentía que los vecinos estaban mirando desde los jardines, sin decir nada pero mirando pág. 45". Describa Ud. una situación en que tenía que hacer algo que le daba vergüenza. ¿Quién se lo hizo hacer? ¿Por qué? ¿Cómo reaccionaron otras personas? ¿Cuál es su actitud ahora cuando ve a otras personas en la misma situación?

6. Imagine Ud. una conversación entre el "yo de ahora" y el "yo de hace 8 ó 10 años". ¿De qué hablan? ¿Tienen mucho en común? ¿Se entienden? ¿Qué se preguntan? ¿Aprenden el uno del otro? Describa la conversación y las reacciones de los dos "yos".

CONCLUSIONES: DEBATE

Piensen Uds. en las lecturas de este capítulo. Leyeron un artículo sobre los superdotados de España, y las historias de una niña que vivió durante la posguerra en España y de un niño de Buenos Aires. ¿Cuáles son las diferencias y semejanzas entre los niños de estos textos? ¿Con quién o quiénes se identificaron Uds. más? ¿Es la experiencia de los niños una experiencia universal, o depende de la cultura?

¿Qué opinan de las conversaciones en la clase y las redacciones de sus compañeros? ¿Hubo algún comentario o trabajo que les llamara la atención? ¿Tienen Uds. mucho o poco en común? ¿Tienen mucho o poco en común con los niños de las lecturas? Finalmente, dos preguntas más:

1. ¿Les gustaría volver al pasado y ser niños otra vez? Explique por qué sí o por qué no. Intercambie opiniones con sus compañeros.

2. Ahora vamos a volver al gráfico del comienzo del capítulo. ¿Qué es lo que se debe hacer para educar bien a un niño y hacerlo feliz? Digamos que Uds. son los adultos importantes en la vida de un niño. ¿Qué necesitan darle para que llegue a ser un adulto feliz? ¿Cómo se define a ese adulto feliz y cómo lo deben educar Uds. para que sea así?